ESCOLA SEM CONFLITO:
PARCERIA COM OS PAIS

Outras obras da autora

Rampa (romance)
Encurtando a adolescência
Educar sem culpa
Sem padecer no paraíso
Limites sem trauma
Escola sem conflito
Os direitos dos pais
O professor refém
Diabetes sem medo (Editora Rocco)
A escola em Cuba (Editora Brasiliense)
O desmaio do beija-flor (infantil)
O mistério da lixeira barulhenta (infantil)
A visita da cigarra (infantil)
O macaquinho da perna quebrada (infantil)
O estranho sumiço do morcego (infantil)
A espetacular fuga de Mini (infantil)

TANIA ZAGURY

ESCOLA SEM CONFLITO:
PARCERIA COM OS PAIS

10ª edição

EDITORA RECORD
RIO DE JANEIRO • SÃO PAULO
2015

CIP-BRASIL. CATALOGAÇÃO NA FONTE
SINDICATO NACIONAL DOS EDITORES DE LIVROS, RJ.

Z23e
10ª ed.
Zagury, Tania, 1949-
Escola sem conflito: parceria com os pais / Tania Zagury. – 10ª ed. – Rio de Janeiro: Record, 2015.

Inclui bibliografia
ISBN 978-85-01-06547-6

1. Escolas – Escolha. 2. Escolas – Organização e administração – Participação dos pais. I. Título.

001327

CDD 371
CDU 37

Copyright © 2002 by Tania Zagury

Todos os direitos reservados. Proibida a reprodução, armazenamento ou transmissão de partes deste livro, através de quaisquer meios, sem prévia autorização por escrito.

Texto revisado segundo o novo Acordo Ortográfico da Língua Portuguesa.

Direitos exclusivos desta edição reservados pela
EDITORA RECORD LTDA.
Rua Argentina 171 – 20921-380 – Rio de Janeiro, RJ – Tel.: 2585-2000

Impresso no Brasil

ISBN 978-85-01-06547-6

Seja um leitor preferencial Record.
Cadastre-se e receba informações sobre nossos lançamentos e nossas promoções.

EDITORA AFILIADA

Atendimento e venda direta ao leitor:
mdireto@record.com.br ou (21) 2585-2002.

Este livro é dedicado a todos os pais que:
- estão escolhendo escola para seus filhos;
- desejam ter uma base segura para avaliar a instituição escolhida;
- querem que seus filhos sejam bons estudantes;

   ...e também aos que
- desejam se relacionar positivamente com a escola dos filhos.

Caro papai leitor:

Ao ler esta obra, você perceberá que o gênero utilizado foi preferencialmente feminino. Talvez esse fato lhe cause certo desprazer ou constrangimento. Penitencio-me por essa decisão, mas foi uma opção muito consciente. É que você — meus sinceros parabéns, por isso, aliás — faz parte (ainda) da minoria de pais que participa tão ativamente da educação dos filhos a ponto de ler um livro de educação. Acredito, porém, que esse panorama em breve estará bem diferente. Você é a maior prova disso. Grata pela sua compreensão.

A autora

Sumário

Apresentação 11
I. Introdução 17
II. A decisão 21
III. Por que a escola é a melhor opção 25
   — "Riscos" na escola 27
   — As vantagens de estar na escola desde cedo 31
IV. Como escolher a escola adequada 41
   — Seus sentimentos e sua avaliação
     em relação à escola 42
   — O que decidir antes de sair em campo
     para visitar escolas 56
     1. Escolas de horário integral ou parcial 56
     2. Escolas religiosas ou leigas 60
     3. Escolas que oferecem apenas atividades
        curriculares ou que oferecem outras
        atividades 64
     4. Escolas bilíngues 77
V. Linha pedagógica 83
   — Como nortear sua escolha 84
   — Classificação das escolas 90
   — Para quem quiser saber mais 110
     • Escolas Tradicionais 110
     • Escolas Modernas 111
VI. O que observar para diferenciar a
    Escola Moderna da Tradicional 117
   — Mais alguns dados 125

VII. Como proceder ao visitar uma escola..................133
— O que perguntar na entrevista............................133
— O que observar ao percorrer o prédio..............139
• A parte física 139
• Aspectos educacionais...142
• Aspectos educacionais indiretos...................... 144

VIII. O que você precisa saber sobre metodologia.........147

IX. O que importa saber sobre avaliação......................161
— Como é a avaliação na Escola Tradicional..........165
— Como é a avaliação na Escola Moderna.......... 166
— Observações importantes.................................. 172

X. Como fazer do seu filho um bom estudante..........175
— Como agir, logo de início.....................................175
— O que fazer, se não funcionar............................ 187
— Fiz tudo certo, mas ainda assim ele foge
das obrigações... 190
— E o adolescente que, de repente, não
quer nada com o estudo?................................... 195

XI. Como atrapalhar o trabalho da escola................... 199

XII. Como agir para ajudar................................. 209
— A questão da autoestima....................................217

XIII. Quando procurar a escola......................................225

XIV. Os dez mandamentos do pai do
bom estudante.. 233

Bibliografia 237

Apresentação

Durante cerca de dois séculos, família e escola viveram uma verdadeira lua de mel. O que a escola pensava era o que os pais pensavam. O que a escola determinava ou afirmava, fosse em termos de tarefas, atribuições e até mesmo de sanções, era endossado e confirmado pela família. Dessa forma, crianças e jovens sentiam, nas figuras de autoridade que as cercavam e orientavam, coesão e homogeneidade. Com isso, o poder educacional dessas duas instituições se alicerçava e alimentava-se mutuamente. Especialmente com isso, as novas gerações adquiriam seus valores e seus saberes (intelectuais e morais) sem maiores problemas.

De repente, o que se observa? Que já não existe essa harmonia, esse clima de confiança. Os pais parecem estar, todo o tempo, com um pé atrás, supervisionando o que a escola faz, desconfiados de professores, diretores, equipes pedagógicas. É como se tivessem repentinamente perdido o encantamento, essa relação de confiança tão benéfica para nossos filhos.

Por sua vez, a escola se sente também atemorizada, insegura, com sua autoestima abalada. O mais comum é esses pais adotarem duas atitudes. A primeira, de desconfiança: parte deles parece ter perdido *totalmente* a fé no trabalho docente. Vivem indo à escola questionando, reclamando, ameaçando até (em alguns casos), por qualquer motivo, acreditando sempre que a escola errou ou não agiu adequadamente com seus filhos: ora é o professor tal que passou muito trabalho, deixando as crianças assoberbadas; ora é o fulano, que não passa tarefas suficientes, sobrando às crianças tempo excessivo para a rua, para o *playground*, para a TV; ora é um que marcou prova no dia em que não deveria ter marcado, ora é outro que não corrigiu direito o trabalho solicitado; em dado momento, as regras adotadas pela escola são injustas e rígidas; em outro, é a disciplina que deixa a desejar. Enfim: aquela base de confiança parece ter se esvaído num passe de mágica.

O segundo grupo de pais é aquele que, depois de matricular os filhos, parece considerar sua missão terminada e daí em diante entrega à escola toda e qualquer problemática relacionada à educação (quer se trate de conteúdo, quer se esteja falando de formação ética ou cidadania). De uma maneira geral, esses são pais ausentes, que não comparecem a reuniões quando convidados ou que, quando chamados para entrevistas ou reflexões conjuntas, nunca podem ir.

Ambas as atitudes em nada contribuem para o crescimento intelectual e afetivo de nossas crianças. No entanto, são formas de agir que ocorrem com bastante frequência, criando, em decorrência, uma amargura crescente por parte dos docentes ao perceberem que não são mais vistos com o mesmo grau de confiabilidade e como os parceiros ideais de outrora. Por sua vez, os pais também se sentem a cada dia mais inseguros quanto ao que esperar e como agir em relação à escola dos filhos, agregando mais um fator dentre os inúmeros que incrementam a tensão diária dos pais modernos.

O objetivo deste livro é justamente trazer informações que levem a reconsiderar esse tipo de postura, é buscar reviver esse relacionamento perfeito que vigorava até recentemente, tentar promover o reencontro, a parceria, a confiança mútua, já que o essencial é compreender que ambas zelam e perseguem o mesmo objetivo: a formação integral das novas gerações, seja do ponto de vista cultural e de saber, seja do ponto de vista da formação pessoal, da ética, da cidadania.

Se, em algum lugar, no meio do caminho, essa relação se rompeu, devemos buscar trazer à tona as dificuldades e as razões que vêm levando a esse tipo de postura, tentando aplainar arestas e incompreensões que, por vezes, surgem da informação equivocada, veiculada por aqueles que desejam ver a sociedade esfacelada, porque, com certeza, quando pais não confiarem mais na escola (e vice-versa), aí o caos estará instalado e nossos filhos, perdidos.

Criticar, acompanhar e zelar para que os filhos recebam da escola o tratamento e a educação esperados e sonhados são um direito e um dever dos pais. Não se trata, portanto, de postular que o *magister dixit* reencontre espaço numa época em que somos os primeiros a postular que a razão e a consciência devem ser as molas mestras das ações de todos os seres humanos. Trata-se, antes, de evitar que a desconfiança floresça, mas sem bases, sem fundamentos, alimentada apenas pela insegurança que permeia as relações sociais de hoje e que começa a minar também a fé da família na escola.

Trata-se mais do que tudo de evitar que tal confronto se transforme numa disputa em que os únicos vencidos serão nossas crianças. Por isso é mister tratar de compreender que, se a escola não é ainda hoje aquela ideal, por outro lado, é ainda o único lugar em que nossos filhos encontram pessoas que dedicam suas vidas — assim como nós, pais — à formação das novas gerações.

Por que e quando essa confiança se perdeu? Por vários motivos. Um deles — positivo — é o fato de que os pais hoje têm mais conhecimentos de psicologia e de pedagogia. A própria mídia (impressa, falada e eletrônica) se encarregou de veicular tais conhecimentos — que os pais de algum tempo atrás não tinham. Isso os faz mais questionadores, mais atentos e mais capazes de perceber falhas, contradições e enganos que, ocasionalmente, são cometidos por professores e outros profissionais ligados à educação. Mas esse *seria o lado positivo,* se não houvesse, agregados a esse saber, muitos conceitos mal divulgados, mal explicitados e mal compreendidos. Por isso, muitas vezes, as reclamações são infundadas, embora, em outras tantas, estejam os pais cobertos de razão. Reclamar é um direito, como dissemos. Resta saber, *quando e de que forma* fazê-lo para não comprometer a confiança que nossos filhos depositam em seus mestres. Talvez seja muito mais perniciosa para uma criança a desconfiança em seus orientadores do que o fato de esse sentimento ter ou não fundamento. Ajamos, portanto, com cautela e calcados em fatos. Nunca embalados por insegurança pura e simples.

Por outro lado, a imprensa tem também trazido à baila fatos ligados a instituições que, de fato, comprometem a imagem de toda uma categoria — por vezes até abnegada. De fato, com pesar, sou obrigada a admitir que algumas (nem de longe todas, evidentemente) agências educacionais atuam exclusivamente voltadas para o lucro ou visando apenas a arregimentar alunos. Qualquer instituição tem que, obviamente, se preocupar em sobreviver, toda escola tem que otimizar recursos e ser saudável administrativamente, o que significa, sem dúvida, ter lucro para que possa arcar com os compromissos assumidos e também manter-se com dignidade. Toda instituição tem que pensar no seu progresso e crescimento, mas quando se vê que algumas agem apenas em função da preservação ou aumento do sucesso financeiro, pode-se compreender por que a confiança evapora. A essa lógica equivocada eu poderia arriscar contrapor que a melhor forma de tornar uma escola lucrativa é investindo na qualidade da educação. É uma fórmula simples, mas milagrosa...

Outro fator que certamente contribui para tal situação é o assoberbamento de funções que os professores têm hoje em dia, em contrapartida a uma formação deficiente. Não é desconhecido de ninguém que o nível de formação dos profissionais brasileiros, sobretudo em determinadas áreas do conhecimento, vem deixando muito a desejar, o que também concorre para que os pais, especialmente os mais letrados, deixem de confiar na ação educacional das escolas. Isso não significa, no entanto, que tudo está perdido; nem que todo professor trabalhe mal. Se assim fosse, coitado do nosso Brasil! Felizmente não é. Pelo contrário, em meio a tanta dificuldade — má remuneração, carga horária excessiva, excesso de alunos numa mesma sala de aula, falta de recursos etc. —, encontramos milhares e milhares de professores que não abandonam a luta diária por motivar, ensinar, formar e mostrar aos seus jovens alunos a beleza e o poder das ideias...

Existem ainda outros fatores que agudizam o problema, mas não é nosso objetivo aqui fazer uma tese sobre as causas do descasamento família/escola. O que nos importa é contribuir para minorar o problema — que se avizinha grave.

Como enfrentar e vencer essa problemática antes que ela se torne o modo de pensar geral (sim, porque, felizmente, ainda há um número grande de pais que confiam no trabalho da escola)? Tornando o olhar verdadeiro, objetivo, sem preconceitos mútuos.

Se as duas maiores agências educacionais encontram-se em campos opostos, dicotomizados, o perigo de as novas gerações ficarem no meio de uma disputa sem o menor sentido é real. E mais: é sério. Urge, portanto, adicionar à salutar supervisão e acompanhamento do trabalho docente instrumentos que nos permitam, a nós, pais, fazê-lo de forma justa e segura, de forma que nossos filhos lucrem com essa visão esclarecida e tranquila, que é como deve ser o olhar dos pais sobre a escola: um olhar que desvele uma parceria necessária.

1.
Introdução

Seu filho nasceu e foi aquela festa... Ao período romântico e sonhador da gravidez, maravilhosos dias de mimos e vontades, sucedeu-se o parto (nem tão romântico assim...) e depois a volta à casa. Nos primeiros dias, cercados pelas vovós e vovôs, pelos amigos, irmãos, parentes, que vinham e iam num desfilar infindável, foi bom, gostoso, afetivo! Naquela ocasião, você chegou a sonhar vezes incontáveis com uma noite tranquila, só vocês três, mamãe, maridão e bebê, assim calmos, sentados no sofá, você embalando o precioso embrulhinho, cabeça reclinada no ombro do pai do seu filho, coisa linda demais... A bem da verdade, nada disso aconteceu; logo nas primeiras noites depois que a multidão se foi, sozinha com o bebê berrando a plenos pulmões (será cólica ou fome?), você se escabelando, desespero total, marido dormindo a sono solto, tão calmo, tão *low-profile*, o mesmo semblante inocente e calmo, jovem e descansado, e você, com aquela barriguinha pós-parto, os seios ampliados (será que volto ao corpo de antes?, academia, nem pensar, não dá tempo para nada, nenê chora como ninguém, não me avisaram nada...), olheiras, ai, meu Deus, será que vou vencer essa etapa?

Tantas emoções, tanto medo, tanto carinho, tanta dificuldade.

Mas tudo está indo bem, já vão longe aqueles dias! Passaram-se quase dois anos, agora você tira de letra, vai ao supermercado, vai trabalhar, volta, constantemente preocupada, meio alegre, meio contrariada, muito culpada, cuida da casa, dos filhos, do marido, fica exausta, meio tonta, vai dormir aquele sono sem sonhos, dos justos e das mães (apenas até o primeiro choro do filho, bem entendido), no dia seguinte tudo de novo, emendando fins de semana, sem férias — que coisa, gente!

Apesar de tudo, venceu a batalha (a primeira ao menos), afinal é uma mulher moderna, tem sua profissão, vida própria, independência pessoal e financeira, sua casa é bem organizada, bem cuidada, não falta nada. Que bom esse sentimento de vitória... Mas aí está você, diante de um novo desafio: seu filho *tem que ir para a escola*.

"É a melhor solução", você repete de si para si a cada cinco minutos, tentando se convencer, já ouviu Deus e o mundo. A empregada — misto de babá, cozinheira, arrumadeira e anjo —, tão boazinha que era, estava com vocês desde que o Júnior nasceu (ele a adorava, dava até um ciuminho lá dentro), foi embora, entraram já quatro no lugar, nenhuma deu certo, vó de hoje não pode cuidar de neto todo dia, tem vida cheia, sua mãe e a sogra são mulheres modernas (da "melhor-idade", quem inventou isso, pelo amor de Deus?), vivem com a agenda repleta de compromissos, é aula de inglês, curso de atualização da mulher, compras, cabeleireiro, chá com as amigas, ver neto só às vezes, cuidar mais às vezes ainda... Além disso, uma ótima oportunidade de progressão no emprego a está obrigando a fazer mais um curso de especialização — sem o que, adeus promoção! Com isso, as horas em casa estão cada vez mais escassas...

Então, não dá mais para adiar: está na hora de colocar seu amado filhinho na escola. E agora?

11.
A decisão

Por mais esclarecidas que sejam, na hora de decidir se deixam o filho em casa ou se o levam à escola, as pessoas sentem o coração estremecer. Especialmente quando se trata do primeiro filho. Por que será?

Porque o coração é um órgão autônomo, que cisma e teima em desobedecer à razão, por mais razões que ela tenha... Parece-nos sempre que a casa da gente é muito melhor do que qualquer outro lugar lá fora. Por isso essa escolha é tão difícil. Afinal, representará também a primeira experiência da criança em seu contato com o mundo. E, portanto, é bom que seja muito, mas muito legal mesmo... Os pais, com seu carinho e amor insuperáveis, intuem isso. E assim, simultaneamente, anseiam e temem essa ocasião.

De fato, a preocupação é pertinente. Ao matricular a criança, estamos praticamente assinando uma procuração, passando para terceiros — mesmo que seja a melhor escola do mundo — a formação de nosso filho: quer no que se refere ao conteúdo programático que será desenvolvido, que terá influência no seu futuro profissional, como no que concerne à formação de hábitos, atitudes e, acima de tudo, da formação mais ampla e importante, a mente dos nossos filhos, a forma de ver o mundo e a sociedade.

Com a maioria das mães trabalhando fora, as crianças vão para as escolas muito mais cedo. Isso torna decisivo fazer escolhas adequadas. Quanto menor a criança, menos condição de se defender ela tem, menos capacidade de se expressar, de se opor, de analisar e criticar as situações que vivencia. Se você compra um vestido, que inicialmente achara maravilhoso, mas depois de usar duas vezes percebe que não ficara nada bem no seu corpo, não tem problema: deixa de usar, dá para uma irmã em quem o modelo assente melhor ou usa mais um pouco assim mesmo. Um pequeno erro de avaliação sem maiores consequências. Já com a escola as coisas são bem diferentes. Não é justo ficar trocando filho de escola como quem troca de roupa, não é mesmo? Há todo um mecanismo de ajustamento pelo qual a criança passa, formam-se laços afetivos, enfim, trata-se não só do intelecto da criança, mas também da parte emocional, que não pode ser desconsiderada.

Daí a ansiedade: os pais, temerosos, internamente já visualizam o filho tão amado, tão bem cuidado, agora sozinho, no pátio da escola, com dezenas de outras crianças, vindo sabe-se lá de onde, algumas bem maiores que a nossa, quem sabe agressivas ou mandonas... Que tipo de influência essa experiência terá sobre nossa criança tão querida? E os professores? Serão bem preparados? Carinhosos? Atentos? Tantas crianças para lanchar, para trocar a fralda, para atender, para ensinar... Será que dão conta? Em casa, só você e o seu filho, todinha olhos e ouvidos... Lá, quem sabe?

Preocupações sim, com toda razão. Sabemos — há profissionais sérios e responsáveis em quantidade, como também, infelizmente, em todas as profissões, existem profissionais menos capazes. Fala-se tanto em professores mal formados, mal remunerados, insatisfeitos, ouve-se e lê-se em jornais como é difícil preservar o equilíbrio nas adversas condições em que os professores trabalham atualmente!

Como distinguir a boa escola, o bom professor, enfim o lugar ideal para o meu filho? Será possível fazer essa distinção?

Regras infalíveis e certezas absolutas são itens que todos gostariam que existissem nessa hora, mas como não existem, vamos fazer o que é possível: adquirir alguns conhecimentos concretos e certas premissas básicas, que trarão segurança e confiança na hora da decisão e depois dela também.

III.
Por que a escola é a melhor opção

Para que a união família-escola dê certo, é preciso que os pais estejam convencidos de que fizeram, de fato, a melhor opção. Por mais que todos repitam esse axioma, só repetir o que se ouve dizer não convence verdadeiramente um pai e uma mãe angustiados. É biológico: os pais defendem e protegem suas crias com todas as forças, até mesmo quando não há motivos reais para isso. Portanto, estar convencido de que se tomou a decisão certa é fundamental. Somente essa certeza pode conduzir os pais a uma relação de confiança com a escola. Mesmo assim, por mais esclarecidos e convencidos que estejam, sentir uma pontadazinha no coração, no início do processo, é muito natural. São muitos os medos: medo de a criança não se sentir feliz, de que não cuidem bem dela, de que ela ache que vocês a estão abandonando... Há ainda um receio de que descubram em você uma certa dose de alívio ao pensar em voltar ao trabalho e deixar de ser somente mãe, vinte e quatro horas por dia... Eta sentimento complicado! Porque ele não corresponde ao que você mesma esperava de você. Afinal, ser mãe não era um grande sonho seu? Então, como é que você pode estar com aquela sensação levemente agradável de "fugir" daquelas tarefas maravilhosas e tão esperadas? Trocar fraldas, dar o peito ou mamadeira, dar banho, levar para tomar sol, preparar papinha, dar papinha... Acordar de noite um monte de vezes, dormir de orelha em pé, tirar febre, levar ao pediatra, tanta coisa tão desejada... Então como é que, agora, você se vê, bem lá no fundo, toda feliz, pensando em se arrumar e perfumar e ficar umas seis horas diárias, pelo menos, sem fazer nada disso... Logo a seguir, seu coração quase desmancha de tanta apreensão e remorso. Apreensão em deixá-lo sem os seus cuidados: ninguém cuida melhor de um filho do que a sua mamãe. Remorso por ter sentido, ainda que por dois segundozinhos, uma certa vontade de sair de novo todo dia, trabalhar, ver os colegas, estudar de novo, se atualizar...

"Ai que confusão na minha cabeça, meu Deus!"

Não se culpem... Praticamente todas as mães e pais têm esses momentos de dúvidas e angústias. O que se sente por um filho só compreende realmente quem os tem.

Esses medos só significam que vocês são pais conscientes, amorosos e responsáveis. O que importa é transformar esse sentimento de proteção em algo construtivo. E você realmente precisa nesse momento colocar seu filho na escola — lembra? Tenha ele 2 anos ou 6, sempre bate aquela insegurança. Em todos os pais, não só em você! De modo que, minha amiga, trate de ficar forte e agir com determinação.

Como conseguir isso?

Como ter a segurança de que se está tomando a melhor decisão? Simplesmente saindo — ao menos um pouco — do campo das emoções, cercando-se das informações necessárias e observando com cuidado todos os aspectos envolvidos.
Vamos começar, então, analisando o raciocínio dos que combatem a ida cedo para a escola.
O que eles dizem?

"Riscos" na escola

1) O argumento mais comum é o de que a criança fica mais exposta a doenças, infecções etc. por ter contato com mais pessoas. E se a deixarmos em casa com a babá? Ela não levará a criança ao parquinho, à praia ou à pracinha, de manhã e à tarde? Assim, não estará, da mesma forma, em contato com estranhos? Por certo que sim. Mais: numa boa escola, o tanque de areia, por exemplo, tem areia lavada e tratada. Será que a da praia é mais limpa? Ou a da pracinha, onde os cachorros, gatos e excluídos sociais a utilizam para os mais diversos fins, inclusive para fazer suas necessidades?

Alguém lava as ruas e as praças? Não lembro de ter jamais visto tal espetáculo! Para falar a verdade, se não me falha a memória, uma ou duas vezes após o Carnaval, lá na Avenida Atlântica, acho que de fato aconteceu. Garis lavando praças, praias e calçadas com sabão e detergente... Que bom seria se fosse feito regularmente em todos os locais públicos...

Quando meu filho era pequeno, morávamos num prédio que não tinha playground. No seu primeiro ano de vida, pude ficar em casa só para cuidar dele. Juntei licença-maternidade, férias não gozadas, licenças-prêmio e consegui: fiquei com muito tempo para me dedicar a ele. Logo que o pediatra autorizou, comecei a levá-lo a uma praça perto de minha casa. Eu passava a maior parte do tempo preocupadíssima. Havia uns tubos à guisa de labirinto para as crianças passarem — linda ideia, mas que há muito havia se transformado em abrigo para mendigos. Não cabe aqui discutir a questão social, ser sem-teto é uma situação-limite, terrível. Por outro lado, por mais que sentíssemos e nos revoltasse a ideia de uma sociedade injusta, conciliar as necessidades dos filhos que queriam brincar e correr em liberdade com a necessidade de evitar o perigo de contaminação, muito alto sem dúvida, era uma batalha diária — a areia era suja, repleta de fezes, um cheiro de matar, sem considerar os sustos que levávamos com os cachorros e os desocupados.

Pensem na cena que presenciei certa vez: uma senhora, nem tão esguia e ágil, teve que entrar de gatinhas num desses tubos para recambiar o filho, um menino rápido e levado, que num instante lhe escapara das mãos e cuidados e estava prestes a acordar um casal que dormia, semidespido, no túnel que lhes parecera um acolhedor motel.. De modo que a diversão era duvidosa e os perigos suficientes para que eu considerasse a necessidade imediata de mudança do local escolhido para "arejar" meu filhote e deixá-lo extravasar sua energia...

A creche é um local sem dúvida muito mais seguro para a saúde das crianças, a não ser que as deixemos sem contato com ninguém, trancadas dentro de casa (Aliás, será isso saudável?).

Além disso, hoje temos vacinas para as doenças infectocontagiosas mais comuns, a maioria das quais é ministrada até o final do primeiro ano de vida. Portanto, quando a criança vai à escola, de modo geral, já está protegida da maioria das viroses comuns na infância.

2) Outro "perigo grave" usado como argumento:

Seu filho fatalmente contrairá piolhos na escola, lhe dirão. É verdade. Os meus pegaram várias vezes... Nada, porém, que não se cure rapidamente com uso de xampus específicos ou de medicação indicada pelo pediatra, muitas vezes de aplicação única. Nada sério, portanto. O "medo de piolho" está muito mais ligado a um conceito antigo e ultrapassado do que de fato ao problema em si. Ainda há muita gente que relaciona esses desagradáveis ectoparasitos exclusivamente à falta de higiene. Essa ideia, em parte equivocada, está relacionada à forte coceira que ocasionam ao se instalarem no couro cabeludo de suas pobres vítimas e, a partir daí, iniciarem animados passeios e saltos acrobáticos por entre os cabelos de seus hospedeiros. É compreensível, portanto, que nenhuma mamãe extremosa se sinta feliz se um filho aparece com esses sugadores indesejáveis... É quase uma ofensa pessoal. Felizmente, sabemos hoje que a presença de piolhos não insere mãe alguma na categoria de descuidadas. É só tratar que passa — rapidinho! Não esqueça, no entanto, de comunicar o fato à escola. O tratamento deve ser ministrado a todas as crianças, para resolver realmente o problema e de uma só vez. Caso contrário, havendo um portador, logo todos estarão novamente coçando suas cabecinhas! Os piolhos adoram mudar "de casa" e passear então, nem se fala... Mas seguramente esse não é um problema com que devamos nos preocupar, concordam?

3) Vai aprender palavrão!
Outro argumento que estressa muitos pais... Mas será que isso não acontece também no *playground* do prédio? E até em casa, com o irmãozinho mais velho, o primo ou um amiguinho da vizinhança? Irmãos mais velhos então! Adoram ensinar "coisas erradas" pros menorezinhos... Ah, que vingança gostosa contra os caçulinhas, tão protegidos pelos papais, e que vieram retirá-los do trono e do reinado de filho único... Ensinar o que não pode e ficar ali, calmamente saboreando a bronca que eles vão levar do papai e da mamãe...

Agora pense bem: até quando você vai conseguir manter seu filhote numa redoma de vidro, sem contato com nada e com ninguém, com o mundo e seus perigos? Mais um ano? Dois, talvez? E depois? Não teria o mesmo problema? Algum dia, seu filho querido terá que se relacionar com tudo e com todos. Aí aprenderá muitas coisas boas e outras não tão positivas assim. Por outro lado, aprenderá a discernir o que é certo e o que é errado, quem são as pessoas legais e as perversas, como se defender, como fazer amigos. Como amar e ser amado. Como sofrer e fazer sofrer. Viver, enfim.

Será que um pequeno risco não compensa a riqueza de situações que viverá?

4) As outras crianças vão bater no meu filho!
Com certeza. Mas pode esperar que ele também vai dar uns tapas, morder, arrancar os brinquedos das mãos dos outros... Exatamente como vão fazer com ele.
O grande "perigo", o maior, que pode advir daí é que ele vai aprender a respeitar e a ser respeitado. E é isso a base da convivência humana.
Ou não é?

Com certeza existem outros argumentos, sem contar os medos derivados apenas da forte ligação e da responsabilidade que especialmente as mães sentem em relação aos filhos e que tendem a se exacerbar ante a expectativa de se iniciar uma nova fase na vida, e esta — ainda por cima — longe dos seus olhos vigilantes e protetores. Acredito, no entanto, que o que discutimos até aqui tenha sido suficiente para mostrar que, muitas vezes, os nossos temores são mais fundados no amor, que nos leva a exagerar cuidados, do que na realidade concreta.

As vantagens de estar na escola desde cedo

Se, por um lado, como vimos, a criança poderá de fato enfrentar alguns pequenos riscos na escola, por outro, os ganhos poderão ser — e serão — muitos, e bem mais valiosos.

Vamos, então, analisar o outro lado da moeda?

1) O primeiro grande benefício é, sem dúvida, o fato de que, de imediato, seu filho sairá da área de influência da babá, ficando sob a orientação de pessoas treinadas. Não quero, de forma alguma, ser injusta com tantas e tão boas babás que existem e que cuidam, com desvelo e amor genuíno, de nossos filhos. É inegável, porém, que essas pessoas maravilhosas são cada vez mais raras. A "segunda mãe" que muitos tiveram na figura de uma babá zelosa parece que vem paulatinamente se evaporando.

Eu mesma sofri muito com esse problema: roubo de dinheiro e objetos foi o que menos me doeu e preocupou. O que apavora mesmo é o medo de maus-tratos. Uma das bem recomendadas babás que tive derramava no ralo o leite da mamadeira do meu filho para provar que ele "se alimentava tão bem com ela"; outra colocava maisena generosamente no leite, sem que soubéssemos. Em dois meses meu filho ficou qual uma bolinha inflada: engordou de forma espantosa. Foi difícil descobrir a causa; e, depois, quando tentamos conversar, não adiantou nada; ela simplesmente gostava de "cevar" os bebês de que cuidava, porque acreditava que assim era mais bonito e saudável. Era uma pessoa boa e carinhosa e meu filho gostava dela, mas tivemos que despedi-la, pois não aceitava nenhum tipo de orientação. E meu marido é endocrinologista!!! Como convencer quem não quer ser convencido? Como ensinar a quem considera tudo "frescura de madame": "Já criei tantos, agora ela quer me ensinar, imagine só!"

Vocês poderão dizer:

"Mas bebê gordinho não é tão grave assim..."

Grave, grave não é mesmo. Embora saibamos hoje que um bebê obeso tem sérias possibilidades de vir a ser um adulto obeso, com todas as consequências negativas que traz. O mais sério, porém, é que a confiança fica abalada; se a pessoa que fica com seu filho não segue a orientação dos pais, poderá fazê-lo também em casos de doença, com a receita do pediatra, por exemplo, e achar que antibiótico não funciona tão bem como aquele chazinho com o qual ela já curou tanta gente... É esse aspecto que não pode ser menosprezado.

Então, entre deixar que a criança fique aos cuidados de um leigo ou de um especialista, a opção deve ser pelo especialista, não é certo?

2) Além da segurança, outro fator a ser considerado é o do desenvolvimento intelectual e social.

A criança que, desde cedo, tem contato com outras é sabidamente mais sociável, menos egocêntrica e mais tolerante. Viver em grupo é altamente positivo. O ser humano é gregário por natureza e — especialmente a criança — adora conviver e se relacionar com gente do seu tamanho.

Vocês já observaram o encantamento de um bebê que, na rua, dentro de seu carrinho, se depara com outro? Parece que eles estão dizendo: "Oba, esse é do meu time!!!" E toca a dar gritinhos, bater perninha de alegria e tentar "pegar" no outro de qualquer maneira... É lindo de ver!

Tenham ou não irmãos, é bom conhecer e lidar com outras crianças, que não aquelas com as quais estão acostumadas.

Quando são muito pequenas (até os 3 anos, aproximadamente), elas não brincam realmente em conjunto, permanecendo lado a lado, em constante observação mútua. Mas, ainda que não pareça, o processo de socialização está em andamento.

As trocas emocionais, a aprendizagem social, a observação e a imitação são processos importantes que se efetivam nesse contato. E também as brigas... Não, não se apavorem! Até hoje não se conhece caso de ferimento ou lesões graves resultantes dessa interessante convivência feita de amor, ódio, carinhos e mordidas... Porque, sempre é bom lembrar, as crianças na escola estão sob a proteção e a supervisão de pessoas preparadas e especializadas. É tão engraçado! Elas se olham, sorriem umas para as outras, aproximam-se, se tocam, se beijam e — de repente, sabe-se lá por quê — uma começa a chorar. Pronto! A turminha toda em dois minutos está berrando... E, também dois minutos depois, tudo está de novo na santa paz... É o ciclo de aproximação no qual afeto, interesse, temores e estranhamento encontram-se misturados e vividos. Nesses encontros iniciais, nossos filhos aprendem a ter preferências e a ser preteridos, a sentir afetos e amargar desafetos, a agredir e a se defender. É a primeira experiência importante, externa à família, de relacionamento afetivo e social. Para os pais pode parecer um grande perigo e sofrimento, mas na verdade, embora de fato haja alguma dor, é assim que o ser humano cresce, progride e se estrutura emocionalmente. Para o coração enlouquecido de um pai pode parecer um horror, mas é muito, muito salutar, pode acreditar!

3) Além desses ganhos afetivos e sociais, também é fantástico o trabalho que os professores especializados em educação infantil promovem. São inúmeras atividades pedagógicas, dirigidas ao desenvolvimento intelectual, que influenciarão toda a vida da criança na escola.

Estudos sérios comprovam que crianças que entraram na escola somente no momento da alfabetização têm, em geral, muito mais dificuldades para aprender a ler e escrever do que as que passaram um ou dois anos, pelo menos, no pré-escolar, onde desenvolveram hábitos, atitudes e habilidades fundamentais para a aprendizagem da leitura e da escrita. Não raro, costumam estar alfabetizadas em pouco mais de meio ano. Afinal, já foram trabalhadas em termos de percepção espaçotemporal, concentração e coordenação motora; estão acostumadas com as atividades em grupo; conhecem algumas regras básicas de convivência; sabem que têm que obedecer a uma certa organização — hora para fazer trabalho, hora para contar as novidades, hora para brincar no pátio, hora para merendar; aprenderam a estabelecer relações conceituais; já distinguem cores, formas e tamanho dos objetos; apresentam algum grau de leitura incidental (aquela que as crianças fazem por mero reconhecimento da forma da palavra e não pelo processo real da leitura.

Por exemplo: Coca-Cola; Kibon, McDonald's são marcas que as crianças memorizam e são capazes de identificar ainda muito pequenas — não estão lendo realmente, mas esse tipo de capacidade torna-se muito útil posteriormente, no processo de alfabetização), distinguem e nomeiam algumas figuras geométricas, sabem contar, enfim, estão mais aptas para a aprendizagem da leitura e da escrita do que crianças que nunca frequentaram uma escola.

4) Além disso, mesmo uma boa babá (ou uma mãe atarefada e uma avó desesperada) acaba se rendendo a uma "auxiliar" tentadora: a televisão. Assim, a criança que fica em casa acaba mais tempo diante da TV do que aquelas que vão para as escolas ou creches. E, convenhamos, não acredito que, de maneira geral, uma babá tenha interesse, nem capacidade para selecionar adequadamente os programas a que a criança irá assistir. O mais das vezes, o que norteará seu pensamento será: "enquanto estiver quietinha está bom, assim vou fazendo outras coisas", mesmo que a criança esteja vendo, por exemplo, um filme de terror! E a novela que a babá se delicia assistindo? Se tiver cenas de sexo ou violência, em muitos casos, isso não será levado em consideração. Ainda que não haja má intenção, talvez apenas pragmatismo, as consequências para nossos filhos são as mesmas.

Não é necessário reafirmar o quanto são raros os programas realmente educativos na nossa televisão.

> Certa vez, antes de sair de casa, uma amiga minha avisou à empregada, que ia ficar com seu filho de 5 anos, que iria ao ar um filme de terror (A mosca) e recomendou, explicitamente, que não o deixasse assistir. Pediu até que ela nem ligasse a televisão e brincasse com o menino até o seu regresso. Mais tarde, voltando à casa, encontrou a empregada dormindo profundamente, feliz da vida, e o filho, em vez de estar na sua caminha, estava sentado no chão ao lado da cama da babá, pálido, olhos arregalados de medo, estático, meio parado, estranho. Soube, então, através da irmã mais velha, de 7 anos, que a babá não só ligara a TV, como assistira e fizera o menino assistir com ela ao tão falado filme. O mal estava feito. Foi necessário um ano de trabalho, carinho e paciência até que o menino vencesse o pavor de ficar só, deixasse de acordar várias e várias vezes a cada noite, apavorado, assombrado...

Contundente... E verídico!

5) Outro ganho: quando ambos os pais trabalham fora e se ausentam o dia todo, é comum deixarem os filhos com os avós. O que, a meu ver, é uma sorte. Mas muitos deixam — e se queixam... Afirmam que os avós mimam demais, não educam, deixam a criança fazer tudo que querem e depois, no final de semana ou à noite, as crianças ficam insuportáveis e eles têm que recomeçar, do zero, a formação de hábitos.

Outros se queixam do contrário: os avós são muito rígidos e antiquados, limitam demais os netos e eles gostariam de dar uma educação mais liberal.

Seja qual for a queixa, essa é a situação desagradável em que, das duas, uma: ou os conflitos vão ocorrer diariamente, ou então, o que é pior, você vai aguentando, aguentando sem falar, até que, depois de algum tempo, a explosão se torna inevitável. E, por isso mesmo, em geral ocorre de forma agressiva ou intempestiva, o que pode ser fatal para a relação, causando problemas dolorosos e às vezes irreversíveis entre pais, filhos e netos.

Ideal é dialogar, logo que se notam as primeiras atitudes que estão em desacordo com o que se deseja da vovó e do vovô. Também é verdade que, às vezes, as coisas não são tão graves e poderiam ser deixadas de lado, sem maiores problemas, porque a criança sabe discernir quais são os limites em cada ambiente que frequenta, assim como sabe lidar de forma inequívoca com cada pessoa com quem convive. Mas isso só ocorre se as regras, limites e permissões são colocados com muita clareza e objetividade. As crianças só não sabem como agir quando há mensagens dúbias.

Uma boa alternativa, portanto, nesses casos, é conversar com calma, ser direto, objetivo, mas com carinho e respeito por essas pessoas maravilhosas que estão nos ajudando tanto. Mostrar que confiam no seu discernimento, que estão gratos, mas que gostariam que alguns aspectos fossem tratados de outra forma.

E explicar como gostaria que fizessem... Lembre-se: você está pedindo um pouco *mais* de ajuda, não está brigando com inimigos.

Em vez de guerrear, o ideal é cooptar a vovó e o vovô para as suas ideias. Poucos conseguem escapar de um carinho, de uma colocação feita em meio a elogios e demonstrações de gratidão.

Pode ser, porém, que tentar convencê-los a fazer tudinho como vocês querem seja pedir demais, em alguns casos. Afinal, eles nos criaram e têm as suas próprias concepções a respeito de educação, não é mesmo? E, pelo jeito, não deu tão errado assim... Será que não nos preocupamos e queixamos demais? Além do mais, para certas pessoas em determinada fase da vida, mudar pode ser muito mais difícil do que nos parece.

Então, se de fato os problemas são insanáveis, se conversar, tentar dialogar, mostrar os seus objetivos e tentar cooptar os avós para as suas ideias não adiantaram — das duas, uma: ou assumimos que ninguém educa nossos filhos melhor do que nós e arranjamos — se possível — um esquema para ficarmos, nós próprios, com eles em tempo integral ou os matriculamos na escola de nossa confiança, isto é, na escola que vai fazer o que nós acreditamos seja a melhor forma de educar.

Existem, é claro, muitos outros argumentos que poderíamos apresentar. Mas acredito que esses já sejam suficientes para espantar os principais fantasmas.

Passemos então à etapa seguinte.

IV.
Como escolher a escola adequada

Por que tantos pais matriculam os filhos numa escola e depois ficam insatisfeitos? Talvez porque seja impossível nosso coração ficar totalmente tranquilo longe dos filhos. Mas, se totalmente tranquilo é impossível, é bem fácil ficar sossegado o bastante para termos paz e trabalharmos em harmonia interna no período em que estão no colégio.

É engraçado: a gente escolhe, procura, olha, torna a escolher, visita a escola várias vezes, toma a decisão e depois — reclama! Fica cheio de medos e insatisfações. Por quê? Talvez seja porque tenhamos escolhido padrões inadequados para fazer uma boa opção.

Para fazer uma boa escolha, é preciso em primeiro lugar saber o que se quer da escola. Assim fica mais claro o que se deve levar em consideração e *em que medida* cada um dos itens a considerar deve ser priorizado.

Alguns elementos obrigatoriamente devem ser considerados:

1) Linha pedagógica adotada;
2) composição e formação das equipes docente e pedagógica;

3) atitude em relação à disciplina e regras de funcionamento;
4) clima ou ambiente perceptível;
5) qualidade e tipo de instalações;
6) localização;
7) horário de funcionamento.

Embora estejam listados em ordem hierárquica (do mais importante ao menos importante), o ideal é que todos os itens se conjuguem harmonicamente. No caso de ter que abrir mão de um ou alguns deles, procure sempre priorizar os que encabeçam a relação. Se tiver que desistir de algum, escolha os últimos.

Seus sentimentos e sua avaliação em relação à escola

Uma coisa que os pais devem considerar sempre é <u>como se sentem em relação à escola</u>. Seja durante o processo de escolha, seja todo o tempo depois dele, nossa sensibilidade pode ser uma grande aliada.

É muito provável que o que sentimos no dia a dia seja mais real do que aquilo que conseguimos observar durante as visitas e entrevistas iniciais.

Não é a sabedoria popular que diz que "coração de mãe não se engana"?

Por isso, o sentimento que espontaneamente brota do seu coração, ao observar a atitude do seu filho em relação à escola, pode ser de grande valia.

Observe, enquanto ele está se preparando para ir à escola, como é que ele se porta:

- alegre, seguro de si, cheio de planos: "hoje a professora disse que vamos conhecer a horta e plantar!" e, em seguida, "mãe, deixa eu levar o meu bichinho para a professora ver?";
- quando ele conta como vão indo as coisas, diz coisas do tipo: "oba, a tia de informática é maneira, vai deixar eu fazer muito desenho no computador e ensinar a colorir também...";
- em relação aos professores, aos amiguinhos e outras pessoas com quem convive: refere-se a eles, a maior parte do tempo, com entusiasmo e carinho, com tranquilidade, sem demonstrar receios, raiva ou insatisfação (não pergunte diretamente *"você gosta da fulana? Ela é legal? Trata você bem?"* Ao perceber ansiedade, a criança às vezes perde a atitude espontânea. O melhor é observar, *sem que ela perceba que está sendo observada*);
- quando está arrumando a mochila, planeja sempre levar mais alguma coisa para mostrar a outro alguém "maneiro".

Ou, se ao contrário,

- mostra-se tenso e preocupado, desanimado;
- conta, com frequência, episódios de brigas, desentendimentos com colegas;
- procura pretextos para não ir;
- alega dor de cabeça, dor de barriga, sono etc.

> Esses sinais nos dão um primeiro alarme sobre a nossa escolha.

Mas atenção!!!! Em geral, de fato, coração de mãe não se engana. É a pura verdade — O MAIS DAS VEZES. Mas nem sempre. Por isso, muito cuidado! Em qualquer situação em que nossas mais fortes emoções estão envolvidas, é preciso muita cautela. Porque embora, como dissemos, coração de mãe não se engane, às vezes sentimentos fortes demais atrapalham nossa visão objetiva... Por isso o ditado citado <u>não é verdade sempre</u> — afinal, mesmo os melhores pais do mundo podem ser traídos pelo afeto, ficando meio cegos para a realidade.

Quer dizer: a forma como nos sentimos em relação à escola é muito importante. É um sentimento que não deve ser descartado, precisa ser considerado sim, mas com alguma precaução.

No processo de adaptação a um novo colégio, quando é a primeira vez que a criança vai à escola, se teve que mudar de colégio — em todas essas situações —, é normal que a criança sinta certa insegurança. Portanto, não pense que — obrigatoriamente — ocorreu algum problema sério a cada vez que ele disser que não quer ir ou que prefere ir com você ao seu trabalho. Tenha calma. Um dia, uma vez apenas pode não ser nada, só medo do novo.

Imaginemos agora um outro caso: tudo estava indo otimamente, meses a fio, e aí um belo dia seu filho chega em casa amuado, aborrecido, joga a mochila longe e diz: "Nunca mais vou à escola." E completa: "Odeio esse colégio!"

É lógico que seu coração, a essa altura, está acelerado.

"Que será que fizeram com o meu anjinho?"

Não desconsidere, não ignore o que seu filho lhe está apresentando. Mas encare como um sinal, sabe, aquela campainha que soa como um alarme na nossa cabeça, aliás, no nosso coração, e nos faz estremecer só em pensar que nossos queridos possam estar passando por alguma dificuldade ou problema. Mas, justo por isso, é preciso muito cuidado com essas emoções. Leve-as em conta, sim, sem dúvida: mas com base em alguma coisa concreta.

Use seus sentimentos como um despertador, que marca o início de um processo. Nunca, porém, aja ou tome uma decisão imediata (ou definitiva e irreversível) apenas a partir deles ou de uma explosão da criança. Leve sempre em conta a tônica da relação, quer dizer, na maioria absoluta das vezes seu filho está feliz, equilibrado e tranquilo, só relata coisas boas e interessantes sobre o colégio, os amigos, os professores, as atividades... Então, um só fato não pode obscurecer ou fazer você esquecer tudo de positivo que ocorreu até aquele dia.

Todos temos nossos maus momentos. Até quem ama seu trabalho tem dia que pensa que era melhor ter feito outra coisa, que as pessoas são chatas, sem graça, fofoqueiras, invejosas, que seu chefe nunca está satisfeito etc. Imagine se você se demite a cada vez que tem uma visão depressiva do mundo, do trabalho, do marido! Ninguém tinha emprego! Nem casamentos existiriam mais!

E o pior é que tem muita gente que faz isso! É só a filhotinha chegar chorando — mesmo que pela primeira vez (e ela já esteja na escola há dois apaixonantes anos) — e falar que "a professora é feia, má e não gosta de mim" para que você empunhe espada, escudo, elmo, armadura e qual um dom Quixote tresloucado... NÃO ENXERGUE MAIS NADA DIREITO, não é? Aliás, com tanta coisa por cima do corpo, ninguém vê nada direito mesmo...

Não há no mundo quem conheça melhor seu filho e as necessidades dele do que você mesma. Sem sombra de dúvida. Por isso nossa emoção conta. É aquele sexto sentido que dizem que temos, nós, mulheres e mães. Ele pode ajudar muito, mas não pode ser a única motivação dos nossos atos.

Ao analisar seus sentimentos em relação à escola e às coisas que lá sucedem, é bom ter alguns cuidados.

Frequentemente, o amor nos coloca em situações difíceis e até ridículas, porque, como também diz o ditado popular, "quem ama o feio, bonito lhe parece". Mal comparando, é claro, e sem querer dizer que algum filho é feio — Deus me livre de tal injustiça! —, é preciso estar alerta, porque, quando amamos, somos induzidos a uma espécie de "cegueira", que nos acomete desde o dia em que nosso filho nasce. É uma "doença" que não mata, pelo contrário, até traz muitos benefícios, mas, por outro lado, pode induzir a muitas interpretações equivocadas. Como diriam nossos filhos, pode nos fazer pagar "cada mico"!

Uma dessas interpretações equivocadas é, por exemplo, considerar tudo que os filhos fazem lindo e achar que é sempre com a melhor das intenções. É bom que tenhamos bem claro que, por mais que os amemos, por mais inteligentes, queridos, criativos, engraçados, amorosos que sejam, nossos filhos são crianças ou jovens que, como todos nós, cometem erros e *por vezes* agem de forma que nos aborrecem, decepcionam ou até envergonham. Outras vezes, nos juram que agem com cândida intenção, mas na verdade, na verdade mesmo, estão é arrumando uma desculpa que sabem nos fará derreter, para, por exemplo, não estudar aquela matéria que acham tão enjoada para a prova do dia seguinte...

Ter isso em mente é essencial para que fiquemos com "um pezinho atrás" em relação às nossas reações, quando, com ar de pura e perfeita santidade, nossos filhos relatarem algo que ocorreu na escola, SEMPRE CONTRA ELES, TADINHOS...

Vocês devem estar horrorizados pensando: "Meu Deus, ela está dizendo que meu filho mente?" Não propriamente. Mas, às vezes, mesmo os melhores filhos do mundo enfeitam os fatos, sim. Tem os que mentem também. Mas o mais comum é interpretarem a realidade como a sentiram e vivenciaram, e daí nos relatarem alguma coisa um tanto distorcida ou unilateral. Aliás, todas as pessoas quando contam um fato, o fazem de acordo com a própria percepção. Que pode estar muito distante do fato objetivo, tal qual ocorreu. Então muitas vezes, nós, pais, levados pela nossa já citada cegueira amorosa, podemos cometer injustiças e enganos sérios, que poderão prejudicar muito nossos próprios filhos.

Tomar sempre o partido deles, por exemplo, sem analisar mais nada, é um dos mais frequentes enganos que os pais cometem hoje em dia. Porque como a maioria fica muito tempo ausente de casa, trabalhando cada vez mais horas e, em decorrência, deixando os filhos mais tempo sós, a consequência, muito conhecida de todos, é a culpa e o medo de estar causando danos aos filhos. Aquele medo terrível de "aparecer algum problema" (*"tudo por minha culpa, porque saio muito, não dou a assistência que devia e agora... aí está o resultado"* — esse é o sentimento que perpassa a alma atormentada dos pais modernos, em alguns de forma mais consciente, em outros apenas como uma sensação desagradável de inadequação). E então, dominados por essas emoções, a tendência é agir defensivamente, sem analisar mais nada.

É como se uma voz interior lhe dissesse:

"Vá lá e defenda seu filhote, é o mínimo que pode fazer, você, que o deixa tanto tempo sem os seus cuidados, e aí, coitadinho, longe de você para defendê-lo, acontecem essas coisas... então vá lá agora e mostre ao seu filho e a todo mundo que ele não está sozinho como parece, ele tem você para defendê-lo, de tudo e de todos!"

Nesse estado de ânimo, fica difícil recordar quantas coisas positivas a escola já proporcionou, ou quantas coisas importantes determinado professor, que agora seu filho lhe está apresentando como um "monstro" desalmado e injusto, já ensinou. Movidos também por esse sentimento é que muitos pais resolvem trocar os filhos de escola à primeira queixa que a criança traz para casa. Esquecem ou não conseguem analisar com objetividade determinados fatos que uma amiga ou um vizinho querido e confiável relatou sobre as atitudes do seu filho.

Juramos proteger e amar nossos filhos em quaisquer circunstâncias.

Perfeito! É mesmo o que devemos fazer. Não podemos, no entanto, confundir amar e proteger *com superproteger*, deixando de lado toda e qualquer prudência, desacreditando de pessoas nas quais sempre acreditamos e que já nos deram mil provas de sua capacidade e equilíbrio, só porque o Júnior — tão querido e indefeso, pobrezinho! — está chorando e dizendo que a professora não gosta dele e o persegue...

Então, quando digo que uma das coisas que deve nortear a decisão é o sentimento e a avaliação dos pais sobre a escola, estou afirmando que o *feeling*, a intuição, a percepção são muito importantes, desde que tenham a capacidade de passar para a ação somente depois de:

1) relacionar os sentimentos com dados concretos da realidade;
2) analisar as atitudes e a maneira pela qual seu filho se comporta e se refere à escola, em especial quando não é ele que está dando esses informes a você (informações que a escola pode lhe prestar ou que você pode checar pedindo a alguém de sua confiança — a madrinha ou a vovó, por exemplo — que converse

com ele sobre os estudos, a escola, os professores de que gosta mais, o que não gosta etc. Pode ser chocante descobrir que para a madrinha e a vovó ele só disse coisas positivas sobre o colégio, enquanto com você são só queixas e choramingos);
3) trocar ideias sobre o problema ou o que está parecendo ser um problema com alguém em quem confie (seu marido ou esposa; sua mãe ou uma amiga mais íntima).

Somente depois desses cuidados, com dados concretos nas mãos, é que se deve tomar qualquer decisão. Que, em alguns casos, poderá ser, por exemplo, não fazer absolutamente nada!

Sendo mais clara: se o coração lhe diz que alguma coisa está errada, antes de sair correndo para brigar com Deus e o mundo, cancelar a matrícula, escolher outra escola, ouvir a opinião da melhor amiga sobre a escola dos filhos dela e ir lá matricular o seu, pense:

- Tenho realmente **base para sentir** o que estou sentindo? Ou estou apenas me deixando levar pelos meus medos e culpas?
- Que fatos concretos **você viu acontecer** que apoiam esse sentimento?
- E, se é mesmo um fato, merece **uma tomada de atitude sua?** Ou são coisas corriqueiras que ocorrem sempre na vida de todos?

- Seu filho fez algum tipo de queixa ou de colocação **concreta** que contribuiu para esse sentimento surgir? Ou ele apenas relatou uma cena meio confusa, que dá margem a dúvidas e que a deixou preocupada?
- Se o relato do seu filho é bem coerente, você já buscou saber se a versão dele é exatamente a versão da escola ou do professor?

É importante a nossa análise calma e madura antes de uma ação impensada. Nossos medos e inseguranças interiores às vezes nos armam verdadeiras ciladas. Antes de fazermos algo de que possamos nos arrepender, procuremos analisar com clareza o que está nos incomodando — para só então agir.

Mesmo a melhor criança, a mais correta e bem orientada, também ela pode ser traída pelos sentimentos ou por objetivos que ela própria desconhece ou mascara. Daí que as informações que ela nos passa podem nem sempre corresponder à verdade dos fatos.

Os sentimentos dos pais e a avaliação que fazem da escola são primordiais, mas devem sempre estar calcados em fatos e análises concretas e objetivas da realidade. Nunca tome uma decisão ou condene a escola ou o professor apenas com base em um relato, a não ser que seja algo comprovado e grave, que realmente coloque seu filho em risco. Lembrando que, quando falamos em risco, não estamos nos referindo àqueles temores que hoje são comuns a muitos pais e que os levam a agir de forma a transformar pequenas discrepâncias entre o modo de a escola agir e a forma pela qual eles próprios agiriam em tais circunstâncias, em conflitos que, por vezes, levam a decisões drásticas.

Para ficar mais claro:

Sua filhinha chega em casa e conta — chorando muito e afirmando que não vai nunca mais à escola porque ninguém lá gosta dela — que a professora mandou que ela guardasse na mala o prendedor de cabelo de strass *com que ela se enfeitara e que, segundo ela, "todo mundo usa"... Você bem que pedira, com toda a delicadeza, para ela deixar em casa, porque não era do uniforme (afinal, há poucos dias, a escola mandara uma circular advertindo para a necessidade de os pais supervisionarem o que os filhos estavam levando para a escola — brinquedos caros, relógios estrangeiros, bichos de pelúcia, tênis prateado etc. — e alertando para a importância de todos estarem igualmente trajados. O uniforme visa a isto: diminuir a competição, fazer com que todos se sintam iguais economicamente e, a partir daí, as crianças comecem seus relacionamentos baseados na identificação de determinadas qualidades individuais, como alegria, delicadeza, simpatia etc. Você gostou do que leu, concordou, achou mais do que justo. Aprovou a medida. Bem, mas agora, diante dos apelos seguidos da menina, de primeira você tentou, mas ela não quis atender a seus delicados argumentos, nem mesmo quando você usou* o recurso de dizer que aquele enfeite era muito chique e "não combinava com o uniforme". As coisas estavam nesse pé, você tentando evitar confrontos e conflitos, para não traumatizar a pobrezinha, quando ela fez "aquele" biquinho, cruzou os braços, começou a bater impaciente o pezinho no chão e armou a expressão que você conhece tão bem (aquela que quer dizer: "vem tempestade"), então, aplicando toda a psicologia que lhe restava (você está quase doutora nisso!), lembrou-lhe do "perigo" de alguém pegar, de cair no chão e quebrar... A história estava indo bem, você descrevia a cena com lances bem dramáticos (você também está se tornando uma verdadeira atriz, com interpretação e improvisos que, sem dúvida, a gabaritariam ao Oscar), quando seu marido — que a-do-ra, tem verdadeira pai-xão pela filha — entra na sala e, sem assuntar nadinha, imediatamente dá o lance final: "Filha minha tem direito de usar o que tiver vontade, não vai ser uma regra boboca da escola que vai fazê-la chorar. Ela vai do jeito que quiser!" Bem que você ainda tentou abrir a boca, mas o ar de vitória da sua filhinha e a cara de guerra do maridão, principalmente, a impediram. E assim, agora, o que fazer? Seu marido de-ci-di-do já acalmou a princesinha. E aí ela foi com a travessa, né! Agora a confusão está formada... Mas não tem problema não, seu marido, ao saber do fato, também já resolveu tudo — foi à escola AVISAR que, caso continuem com "essas tolices" sem sentido, tira ela de lá e matricula em outra, que escola é o que não falta...

Se não há adesão dos pais às propostas e atitudes da escola, seu filho tem todas as chances de, daqui a pouco, começar a dar problemas. Ele está aprendendo — em casa — a não aceitar regras. Cuidado! A tendência é repetir o que viu nos outros ambientes que frequenta. Se você reage muito emocionalmente a tudo que a criança lhe relata, pode estar preparando problemas no futuro. Quase com certeza.

Mas, no momento, os sentimentos a que estou me referindo são aqueles relacionados a fatos concretos, que podem fazê-los questionar a linha educacional da escola. Esses, sim, merecem atenção.

Por exemplo: seu filho leu um livro de literatura brasileira que a escola indicou; fez, a seguir, um trabalho relacionado, que foi entregue na data marcada, caprichado, revisto, tudo como "manda o figurino". Você é testemunha. Dias depois ele comenta com você que tirou 6, o que significa um trabalho avaliado como regular. Observando o trabalho, você percebe que não há nenhuma anotação, observação ou comentário do professor, em nenhuma das folhas, que explicite os erros ou falhas cometidos e que justifiquem a nota. Apenas na primeira folha aparece lá o número 6 e a rubrica do professor. Seu filho comenta, chateado, que muitos colegas tiraram 9 ou 8, outros 10. Essa é uma situação que merece ser considerada e questionada. Evidentemente de forma civilizada. Uma ida à escola, uma entrevista com o supervisor ou com o próprio professor, dependendo de como a escola conduz esses encontros. Não vá, porém, com ideias ou opiniões já formadas. Especialmente, não vá agredir ou ameaçar. Vá questionar, saber como é feita a avaliação de tais trabalhos. Ouça. Depois apresente suas dúvidas. Pergunte ao professor de que forma seu filho poderá se enriquecer ou melhorar, ao ser avaliado sem nenhum tipo de comentário que explicite onde ele falhou. E analise a resposta. Pode ser que haja alguma explicação, embora, no caso, me pareça difícil. Só então convém pensar em uma tomada de decisão.

Em resumo, fatos simples como o que descrevi primeiro, que ocorrem no dia a dia da escola — referentes a regras e normas previamente estabelecidas e do conhecimento de todos —, devem ser resolvidos pela escola. Seu papel nesses casos deverá ser de apoiar o colégio, com base no fato de que escolheu com consciência e de que confia no trabalho que desenvolvem.

Outras ocorrências, como a segunda, que suscitam claramente dúvidas quanto à justeza ou à propriedade da atitude pedagógica — seja de professores, inspetores ou outros elementos da equipe —, essas sim, demandarão de fato uma ida à escola para esclarecimentos: sempre, porém, com a intenção de resolver.

Pelo menos até prova em contrário, é uma instituição que você elegeu e na qual acredita. Afinal, você confia ou não na sua escolha?

O que decidir antes de sair em campo para visitar escolas

Antes de se informar sobre a linha pedagógica da escola é necessário decidir sobre alguns aspectos mais simples e imediatos. Depois disso, você já terá diminuído muito o leque de opções, tornando bem mais fáceis os passos seguintes.

Converse com seu marido e, depois de analisarem as necessidades da criança e a realidade da família, escolham entre:

1) Escolas de horário integral ou parcial.
2) Escolas religiosas ou leigas.
3) Escolas que oferecem apenas as atividades curriculares ou as que oferecem também atividades extracurriculares, tais como judô, natação, balé, ensino de línguas etc.
4) Escolas bilíngues.

1) Escolas de horário integral ou parcial

Esta é, sem dúvida, uma opção fácil. Algumas observações podem ajudar ainda mais:

Se a criança tem 4 anos ou menos:

— E o papai ou a mamãe trabalha apenas meio expediente por dia, então o ideal é uma escola de horário parcial.

— Se ambos trabalham em horário integral, mas podem contar com o apoio de uma tia, um avô ou avó que mora com vocês, ou outro parente que está sempre em casa nesse meio tempo, e *que possa (e queira)* se incumbir dessa tarefa de tão alta responsabilidade, então a escola de meio horário continua sendo uma boa opção.

— Se vocês têm a rara situação de uma empregada que está há muito tempo na casa, que aceita com toda boa vontade ficar com crianças e que você conhece bem (a casa dela, os filhos e pelo menos um pouquinho do que ela pensa e como age com os próprios filhos), então também será possível optar por uma escola de meio horário.

— Mas se, ao contrário, você não tem com quem deixar a criança e ambos, pai e mãe, trabalham em horário integral, então a boa escolha é por um colégio que disponha de dois turnos ou horário integral.

Em resumo: enquanto tiver filhos muito pequenos, só opte por horário integral ou creche se de fato for necessário. Não que a escola traga qualquer problema para a criança. A boa escola, bem entendido... É que, quando pequenos, ficar junto dos pais é superimportante! Alguns estudos bem recentes vêm demonstrando a essencial relevância desse contato insubstituível — até mesmo em termos de aprendizagem. É que o aspecto afetivo é fundamental nessa faixa etária; são os anos mais importantes para a estruturação de uma personalidade sadia e equilibrada e, é claro, ficando sob a influência, a atenção e o carinho da mamãe ou do papai, cercados de atenção e amor, o desenvolvimento da criança fica muito fortalecido, sob todos os aspectos.

Diferença entre uma creche e uma escola de tempo integral

As creches atendem, em geral, crianças de 0 até 6 anos no máximo, enquanto as escolas de horário integral geralmente as aceitam a partir de 3 anos.

As creches têm berçário, local para dar banho nos bebês, salas de descanso e dormitórios, além de disponibilizarem refeições — inclusive jantar. Têm horários mais flexíveis, o que significa que a hora da saída não é rígida. Se quiser buscar mais cedo num dia e mais tarde em outro, pode. O que é extremamente confortável e coerente com a vida moderna.

Já nas escolas, o horário costuma ser mais restrito, tanto em termos de entrada como de saída, com hora certa de início e término das atividades.

As creches costumam permitir, inclusive, esquemas de horas extras, além do horário normalmente contratado.

Nas escolas de horário integral, o calendário inclui férias em janeiro e parte do mês de julho; já as creches não costumam fechar durante todo o ano.

A partir de 6 anos, idade-limite das creches, a criança terá que, obrigatoriamente, ir para outra instituição.

Algumas escolas de horário integral têm também creches, em geral funcionando em um prédio à parte. Nesses casos, se os pais quiserem que a criança continue na mesma instituição, ela é automaticamente encaminhada.

Compare:

	CRECHES	ESCOLAS DE HORÁRIO INTEGRAL
HORÁRIO	Flexível	Combinado previamente; alterações podem ocorrer eventualmente
FAIXA ETÁRIA	0 a 6 anos, no máximo	Costumam aceitar crianças a partir de 3 anos
OFERECEM	Berçário e outros ambientes para bebês	Alguns ambientes específicos para menores de 6 anos
EQUIPE	Costumam ter auxiliares como babás; outras têm também pediatras	Todos os profissionais são professores formados
ALIMENTAÇÃO	Todas, inclusive jantar	Costuma incluir almoço, mas não o jantar
FÉRIAS	Não há	Janeiro e parte de julho
CONTINUIDADE	Após os 6 anos, terá que procurar outra escola	Em geral, oferecem continuidade pelo menos até a 4ª série

Fez sua escolha? Ótimo. Mas lembre-se sempre de que a criança que fica em casa por algumas horas todos os dias com pais carinhosos, equilibrados e disponíveis, ou com pelo menos um deles, terá grandes ganhos emocionais, em geral.

De nada adianta, porém, ficar com os pais se eles não têm paciência, irritam-se o tempo todo, exigem o que a criança pequena ainda não pode dar em termos de comportamento etc. A qualidade dos momentos de convivência é o que importa e o que fica.

Se a criança tem 4 anos ou mais

Se a criança está indo à escola pela primeira vez com essa idade, a escolha dos pais deve ser ditada em função de outros elementos, como a continuidade dos estudos, por exemplo. A criança que se adapta bem num ambiente, que se sente querida, protegida, que já conhece os professores, o diretor, a equipe pedagógica, que está habituada com o clima da escola, que já tem seus amiguinhos, vai adorar continuar lá enquanto puder.

Por outro lado, é bom lembrar que as escolas que só atendem crianças até a 4ª série em geral indicam instituições que mantêm a mesma linha pedagógica, de modo a permitir essa continuidade.

2) Escolas religiosas ou leigas

O que é uma escola religiosa?
É aquela que tem como pressuposto educacional básico o ensino de uma determinada religião e que, portanto, é

filiada a um sistema específico de pensamento ou crença religiosa que envolve uma posição filosófica, ética, metafísica. Em geral, é mantida ou fundada por uma organização religiosa, que objetiva preservar e difundir sua filosofia e educar dentro desse determinado conjunto de preceitos. Obviamente, esse tipo de escola inclui em seu currículo aulas de religião, em geral, obrigatórias para todos os alunos. São também chamadas escolas confessionais.

Os pais têm que ter consciência desse aspecto, porque todo o trabalho educacional nessas escolas fundamenta-se, evidentemente, na religião que a originou.

No Brasil, as escolas religiosas se tornaram bastante respeitadas ao longo dos anos e muito conhecidas nas comunidades onde estão inseridas. Costumam seguir padrões de ensino tradicionais, com regras claras e bem definidas em relação à disciplina e avaliação. Dentre elas encontram-se algumas das que são consideradas as melhores do país.

Nas últimas décadas, algumas delas vêm tentando amenizar posturas nas quais costumavam ser muito conservadoras (por exemplo, padrão de exigência muito rígido em relação ao uniforme escolar ou a determinado tipo de corte de cabelo, altura da bainha da saia das meninas etc.).

Informe-se adequadamente a respeito de tudo. Procure saber quantas horas-aula semanais são destinadas ao ensino religioso e de que forma essas aulas são ministradas. É importante ter esses dados para que você possa julgar se, de fato, é o que deseja para seu filho. Às vezes a família, por não ser muito religiosa, deseja que o filho tenha esse tipo de orientação na escola; outras vezes, exatamente por isso, não quer exigências excessivas nesse sentido; em outros casos, os pais querem que escola e família tenham uma fórmula bem próxima uma da outra. Por isso, tomar as informações com calma e detalhadamente é fundamental.

Certa vez uma mãe comentou comigo que não sabia que havia colocado os filhos numa escola em que o ensino religioso era obrigatório e agora estava aborrecida porque os encontrava frequentemente rezando, o que não era hábito dos pais. Além disso, os filhos começaram a questionar a maneira de viver deles, o fato de não irem todos os domingos à igreja etc. Era uma família na qual o pai e a mãe tinham religiões diferentes. Desejavam, por isso mesmo, que os filhos optassem por seu credo livremente. Então, para que não haja discrepância entre o que se deseja e o que a escola faz, é fundamental não deixar de se informar sobre todos os aspectos, em seus mínimos detalhes.

Existem escolas que têm orientação religiosa, mas as aulas de religião são optativas.

Uma escola é chamada leiga ou laica quando não adota uma religião determinada como base. Se você, por algum motivo, deseja que a orientação religiosa de seus filhos fique apenas a cargo da família, então o indicado é optar por outro tipo de instituição de ensino. Informe-se com a direção, não tenha medo de perguntar, de tirar suas dúvidas.

Por outro lado, vale lembrar que o fato de não incluir no currículo aulas de religião não significa que a escola não trabalhe princípios morais e éticos.

Uma coisa nada tem a ver com a outra. Uma escola pode trabalhar de forma espetacular os valores morais e éticos, o respeito aos outros seres humanos etc., e não ministrar aulas de religião.

Já as escolas religiosas o farão através dos preceitos dessa determinada crença.

Quer dizer, qualquer escola confiável trabalha os valores morais, os hábitos e as atitudes das crianças, seja ela laica ou religiosa.

O que importa é você ter clareza do que deseja:

— se pretende que a criança encontre na escola um reforço e uma continuidade clara às atitudes que vocês têm em casa com relação à religião que professam, a escola religiosa será uma boa opção;
— se, ao contrário, não querem que haja influência externa nesse aspecto, por algum motivo pessoal — como um casamento entre pessoas de religiões diferentes, por exemplo, escolha uma escola laica;
— ou, se vocês consideram que frequentam pouco a sua igreja, que em casa nada ou quase nada é transmitido às crianças, também poderão fazer essa opção pensando em suprir o que estão sentindo falta em sua casa;
— é importante considerar antes (e informar-se na escola) qual a carga horária que é dedicada às atividades religiosas e às aulas de religião. Em alguns colégios é bastante extensa, em outros nem tanto, quer dizer,

dentre as escolas religiosas, existem as que dedicam mais tempo à religião e as que utilizam menos; — analise e decida de acordo com os seus princípios e objetivos religiosos.

Há pais que optam por uma escola confessional e depois ficam exasperados com o "tempo gasto" em aulas de religião, que, segundo eles, "poderia estar sendo utilizado para estudar mais português ou matemática, as coisas, enfim, que os meninos vão precisar depois, no vestibular!"

Então — atenção! Para evitar esse tipo de surpresa — informe-se, pergunte! Pense e tenha clareza do que deseja para a educação de seus filhos.

3) Escolas que oferecem apenas atividades curriculares ou que oferecem outras atividades

Mesmo que você só trabalhe meio expediente ou não trabalhe fora de casa, terá vantagens se escolher um colégio que, além do currículo normal, ofereça opções de atividades extracurriculares.

Grande parte das escolas — tendo em vista a complexidade da vida de hoje, o trânsito caótico das grandes cidades, a premência de tempo e a comodidade de pais e alunos — oferece uma gama de atividades fora do horário regulamentar de aulas. Assim, judô, línguas, aulas de computação, voleibol, natação, futebol, teatro, dança, capoeira, balé e ginástica são algumas das muitas possibilidades. Cada escola, de acordo com o espaço e os profissionais disponíveis, oportuniza diferentes atividades. Para os pais é, sem dúvida, excelente. Para os filhos também. Só o que se economiza em termos de tempo e o que se evita de estresse, já justifica essa iniciativa.

No entanto, tanta oferta às vezes leva os pais a exagerarem. Pensando em oferecer "tudo" aos filhos, acabam por sobrecarregá-los, e o que seria um prazer acaba se transformando num problema e em fonte constante de conflitos. Mas isso é fácil de resolver: é só ter equilíbrio. Mesmo que os filhos digam que querem isso, aquilo e mais aquilo outro, evite matriculá-los em tantas modalidades que, ao final do dia, as crianças estejam de tal modo exaustas que fiquem incapacitadas de executar as tarefas escolares (estudar para provas, ler um livro e fazer os trabalhos de casa), estudar ou até mesmo não fazer nada. Pode parecer óbvio, mas não é. Afinal, para muitos pode ser tentador "ocupar" a criança o tempo todo. Especialmente os pais daqueles meninos que parecem não esgotar nunca, mas nunca mesmo, nem um terço das suas energias, o que, por outro lado, esgota rapidinho as energias e a paciência dos pais. Desse modo, pode ser altamente tentador deixar os filhos todas as tardes, todos os dias, na escola. Especialmente quando voltam para casa já alimentados, de banho tomado, prontinhos para a cama! Ai, que delícia, que sos-se-go!!!

    É preciso, porém, ter consciência do quanto o *nada fazer* — ou fazer apenas o que der vontade — é necessário às crianças em desenvolvimento, tanto quanto trabalhar habilidades motoras e intelectuais. E especialmente é importante que nossos filhos estejam "inteiros" na hora de estudar para uma prova ou de fazer as tarefas que a escola propõe diariamente ("trabalho de casa").

Conviver com os pais e os irmãos — nem que seja um pouquinho cada dia, uma horinha ou duas pelo menos — é outro aspecto fundamental para o equilíbrio emocional dos nossos filhos. Então, por mais que seja atraente e prático ocupar as crianças por todo o dia, lembre-se: **as crianças que têm uma vida familiar harmônica, contato afetivo e equilibrado com os pais, avós, primos e demais familiares têm muito mais chances de não apresentarem problemas de comportamento mais tarde.**

A vida está complicada sim, não resta dúvida.

Chegamos à noite esgotados, loucos para sentar em frente à TV, e não mexer um músculo sequer! Puxa vida, como é bom fazer isso! Sentar e não levantar mais! A gente chega a pensar em não levantar mais para nada, nem para ir para a cama, só ficar, largar o corpo, ficar de olho parado, televisão ligada e você ceguinho da silva, sem ver nada, só curtindo aquele *dolce far niente!*

Mas não dá! Definitivamente isso não dá mais para ser assim quando se tem filhos. Quem tem filhos, tem o compromisso de em primeiro lugar olhar para eles, olhar com olho de ver, sabe como é? Aquele olhar que só pai e mãe conseguem ter, que perscruta a alma, que é capaz de adivinhar se tudo vai bem ou se há uma sombra, mínima que seja, lá dentro, bem dentro da alminha deles. E depois desse olhar fundamental, escutá-los, ver as tarefas escolares para orientar e supervisionar o capricho e o entendimento que eles vêm tendo na escola, tem que ter tempo para ver os desenhos e ouvir as histórias que eles nos querem contar, enfim — TEM QUE HAVER CON-VI-VÊN-CIA. Risos, trocas afetivas, refeições conjuntas em que a família reunida converse e conte como foi o seu dia (quanto mais melhor) — com a televisão desligada, desligadíssima! — são seguramente excelentes formas de se prevenir problemas futuros (até pode ter o momento do *dolce far niente* — mas só depois!).

Então, por mais que seja confortável e cômodo, não exageremos! Por melhor que seja a escola e por mais ricas que sejam as possibilidades de esportes e cultura que estejam disponíveis aos nossos filhos, não se esqueça de que nada supre a indiferença ou a falta de disponibilidade dos pais!

Nós, pais, somos insubstituíveis.

A escola faz um tipo de trabalho; a família, outro. Ambas se complementam de forma maravilhosa e incrível para o bem-estar e a formação integral das nossas crianças. Mas nem uma nem outra pode suprir todas as necessidades infantis e juvenis sem ser EM CONJUNTO. Nossos filhos seguramente terão tempo para curtir tudo que a vida pode oferecer, mas devagar chegamos mais longe. Junto com eles, mais ainda...

Por isso escolham duas atividades físicas no máximo (se seu filho é louco por esportes), ou talvez uma esportiva e outra não esportiva, como informática, xadrez ou teatro. Deixe seu filho opinar, a não ser caso exista alguma necessidade ou recomendação médica (natação, fisioterapia, logopedia etc.), que implique a obrigatoriedade de uma determinada modalidade esportiva ou de assistência.

Lembre-se: é uma atividade extracurricular, portanto, quanto mais prazerosa, mais feliz seu filho ficará. E, se não houver exigências _demais_ em torno de sua _performance_, mais chances de ele não viver querendo "trocar" de esporte ou atividade.

Além das vantagens já citadas, outro fator importante é que, sendo na mesma escola, as crianças acabam ficando mais seguras afetivamente, porque quase com certeza poderão aprofundar relacionamentos.

Se, portanto, você tiver possibilidade financeira, essa facilidade que grande parte das escolas oferece hoje será um desdobramento ótimo.

Sobrará mais tempo para você e seus filhos ficarem juntos, sem nada a fazer a não ser conversar, trocar ideias, rever as tarefas escolares... Você estará menos estressada (não teve que levar e buscar ou arranjar alguém para fazer isso) e, consequentemente, mais apta a dar aquela atenção menos formal, da convivência espontânea, que estreita laços e aproxima as pessoas.

É uma coisa de que as mães (e os pais também) de hoje realmente sentem falta — de tempo para ficar rolando no chão com os filhos, jogados numa cama, conversando abobrinhas, sem preocupações. Aliás, esses costumam ser os momentos de maior interação, porque todos estão descontraídos, sem pressões para fazer coisas, e aí surgem os relatos verdadeiramente importantes. Quando a cabeça está leve, solta, depois de umas duas boas gargalhadas, quando se instala aquele clima de companheirismo, de camaradagem, de confiança, aí é que os filhos nos contam o que pensam, como são verdadeiramente, o que acham dos amigos, do professor etc.

Como lidar com as paixões incríveis e aversões irreversíveis que se sucedem sem parar

Vamos falar um pouquinho das paixões enlouquecidas que duram digamos... duas semanas! Seu filho chega e diz que começou uma turma nova de jiu-jítsu na escola, que ele foi ver, assistiu a uma aula, que é um espetáculo, uma coisa imperdível... Você, encantada, matricula, compra uniforme, arruma esquemas para alterar sua rotina que já estava toda arrumadinha... Mas o que não se faz por um filho? Ainda mais que gosta de uma coisa tão saudável, logo hoje, quando se ouve tanta coisa terrível, drogas, sei lá mais o quê... Não, seu filho lhe pede com tanto fervor para fazer — um esporte! Que delícia! Claro que você deixa.

É um choque perceber o número de vezes que um filho inicia e depois desiste daquele "esporte maneiro" do qual era aficionado e que a levou a gastos extras com matrícula, uniformes, professor, táxis etc. Você fica perplexa, sem saber o que fazer.

"Será que ele está fazendo isso só para me irritar? Será que ele está com algum problema? Será que aconteceu alguma coisa lá na academia? Ele ainda ontem amava... agora diz que não quer mais ir nem uma vezinha que seja!"

Mil perguntas sem resposta... E você, ali, diante daqueles olhos cheios de expectativa, porque um novo amor agora surgiu: aula de sapateado!

"Deus meu, o que fazer?"

Na infância e mesmo na adolescência, o interesse por atividades esportivas, culturais e de lazer varia bastante. É frequente e normal uma criança chegar em casa entusiasmada para praticar voleibol. Aí vocês, todos felizes, vão lá, matriculam a criança (pagam, inclusive, para fazer a matrícula, muitas vezes com esforço), compram uniforme, bola, enfim, tudo que é solicitado e, dois ou três meses depois, você se surpreende numa luta danada para conseguir convencer seu atleta a ir, ao menos essa semana, à aula... Você, com toda paciência, então, senta para conversar, dialoga, e ao final é convencida pelo ex-futuro campeão mundial a mudar para a aula de judô, muito mais maneiro...

Continuando a novela: aí você retorna à escola, conversa, cancela as aulas de vôlei, matricula no judô, rearruma os horários, compra o uniforme, a faixa, tudinho de novo!

Passado mais um mês, o que é que você se revê fazendo? Convencendo seu judoca a ir à aula:

"Só mais uma vezinha, filhote, afinal acabamos de pagar o novo mês inteiro"...

O que fazer? Tente não se desesperar, em primeiro lugar. Em segundo, evite pensar que ele está fazendo tudo de propósito, só para criar problemas.

Olhe por este prisma: quando nós éramos pequenos, a rua, a vila, a calçada, a pracinha em frente de casa eram os locais onde praticávamos esportes. Melhor dizendo: onde praticávamos esportes, não: aonde *íamos brincar* de jogar futebol, vôlei, basquete, amarelinha, pique-cola, pique-baixo, pique-esconde, mamãe-posso-ir, estátua, queimado, pera-uva-maçã (que emocionante que era!), apostar corridas etc. Tudo livre, sem hora marcada; podia-se começar e, em cinco minutos, achar chato e decidir mudar de brincadeira — tudo do jeito que desse na veneta... Quando queríamos parar, parávamos. Salto em altura, lembra? Com barbante, que delícia! Agora tudo é aula! Aula de futebol (que coisa chata, com professor, horário, duração certa e tudo!), aula de natação, ginástica olímpica... Antes a gente pulava corda, fazia campeonatos entre nós mesmos, em uma hora podíamos trocar de brincadeira cinco, dez, mil vezes (quantas quiséssemos). Dá para compreender por que então as crianças de hoje não persistem numa mesma atividade, não dá?

Bem, mas temos um problema concreto, mesmo compreendendo o ponto de vista de nossas crianças, e o problema concreto é que *não dá para ficar pagando matrícula toda hora, deixando uniformes de lado, comprando tênis especiais a cada quinze dias* (um bom tênis pode custar mais que um fogão!!!!).
Então o que devemos fazer? Proibir a criança de fazer o esporte escolhido? Claro que não.
O que podemos e devemos fazer é o de sempre: gastar tempo e ter disposição para explicar as coisas para nossos filhos e estabelecer algumas regras — ANTES DE COMEÇAR. Sem brigar.

Assim, por etapas:

- Logo de início, quando vocês forem juntos fazer a primeira matrícula numa atividade extracurricular, converse e explique os gastos que estarão envolvidos nessa decisão. Sem ameaças ou acusações, faça com que entenda que, tomada a decisão, ele deverá ficar pelo menos três meses, para ver se, de fato, gosta ou não. Não aceite que ele saia após uma ou duas semanas de aulas apenas. Combine com ele antes e depois não volte atrás do combinado, *mesmo que ele insista.*

- Na escola, antes de matricular, fale com o responsável pela atividade e combine de a criança fazer duas ou três aulas sem compromisso. Assim ela terá chance de avaliar na prática e até desistir antes, se for o caso.

- Faça o mesmo com outras duas ou três atividades, para que ele possa ter uma vivência mais diversificada e escolher com mais possibilidade de acertar.
- Ao escolher as atividades, procure proporcionar ao seu filho a oportunidade de vivenciar tanto esportes de competição individual (natação e ginástica olímpica, por exemplo), de grupo (voleibol, futebol, basquete) e como os que envolvem luta (judô, caratê, jiu-jítsu). Isso porque algumas crianças adoram a disputa em grupo, outras são mais introvertidas e preferem atividades que dependem unicamente delas próprias e também há as que adoram lutar, enquanto outras detestam embates físicos.
- Leve-o às aulas experimentais simultaneamente, em dias alternados, e, ao final, deixe que ele escolha a que prefere. Ou as duas preferidas, se for o caso de você ter assim definido. Às vezes eles dizem que gostaram de todas! Não se deixe impressionar. Faça com que ele escolha uma ou duas, de acordo com suas possibilidades financeiras e de horários.
- Acerte também um prazo inicial razoável para a compra de uniformes e materiais auxiliares. Por exemplo, se for natação, não precisa logo comprar boias, nadadores, óculos. Peça a algum primo ou amigo, ou mesmo ao professor, para emprestar por um período curto, se houver algum material imprescindível logo na primeira aula. Em geral, os

professores conhecem bem essas dificuldades e têm a maior boa vontade. Afinal, é um pedido bastante razoável.
- Somente depois dessas aulas iniciais, faça a matrícula — desde que a criança tenha gostado, é claro!
- Esgotado o tempo combinado com o professor, se seu filho realmente demonstrar disposição e gosto pelo esporte escolhido, então sim, vamos equipá-lo e torcer por ele.
- Caso seu filho, mesmo tendo seguido os passos acima, uma semana depois de comprados os materiais, diga que não quer mais ir, faça com que as regras combinadas sejam cumpridas. Isso fará com que ele aprenda a assumir responsabilidade pelas decisões que toma.

Seguindo esse caminho, você terá também mais possibilidades de deixá-lo experimentar várias modalidades até se encontrar realmente numa delas.

Um aspecto interessante a aprofundar é a coerência entre a personalidade do seu filho e a atividade. Por exemplo:

Meu filho certa vez elegeu o judô como seu esporte de paixão. Fiz tudo como estou referindo aqui. Passado o "estágio probatório" que havíamos combinado, ele reafirmou sua decisão de continuar. Comprei então a roupa e demais objetos necessários. Tudo parecia correr muito bem. Alguns meses depois, foi marcada uma competição. Meu marido e eu, orgulhosos, lá estávamos a postos, máquina fotográfica, tudo conforme manda o figurino dos pais corujas... Na hora da luta, meu filho me pareceu preocupado e meio triste. Mas nada me disse. Lutou e perdeu. Diga-se de passagem, apanhou bastante.

Quando saímos, claro, foi inevitável aquele papo sobre o quanto era bom ele ter se esforçado, que ganhar não era o mais importante, mas sim participar de forma leal e adequada etc. De repente, ele se vira para nós e diz: "Mãe, eu perdi porque eu não queria bater nele! Eu não gosto de bater, porque eu não tava com raiva dele, ele não me fez nada"...

Que incrível, não é? De fato, mais tarde, analisando com meu marido o acontecido, percebemos que ele não tinha mesmo perfil para esse tipo de esporte. Luta não era com ele, nunca foi até hoje... Então demos nova oportunidade e ele escolheu voleibol; foi ótimo! Tudo que ele queria era uma atividade em grupo, é o jeito dele até hoje, gosta de gente, de ficar com pessoas ao seu lado — e não contra. Portanto, foi bom termos deixado ele refazer sua opção, mas no momento em que repensou e nos apresentou a questão de uma maneira que nos pareceu muito razoável. Não havia motivo para insistirmos em algo que, ficara claro, era incompatível com o jeito dele ser.

Por isso, ouça o que seu filho tem a dizer; analise sem raivas ou prejulgamentos. Se houver uma razão justa, tudo bem. Caso contrário, mantenha as regras anteriormente fixadas. Afinal, não temos mais a pracinha nem o quintal disponíveis e as atividades físicas são fundamentais para o bom desenvolvimento da criança. Então, já que tem de ser aula mesmo e não se podem arrasar as finanças da família por isso, ponderem, analisem e esclareçam seus filhos, que tudo dará certo.

É bom deixar claro, porém, para concluir — embora nem fosse necessário —, que não se deve escolher a escola porque ela tem muitas atividades extracurriculares, piscina olímpica, uma quadra espetacular, um computador para cada aluno etc. Ter isso tudo disponível é muito bom, sem dúvida. Mas os equipamentos físicos, as instalações, a riqueza do prédio e a disponibilidade de múltiplas atividades NÃO GARANTEM UM ENSINO DE QUALIDADE.

O objetivo primordial de uma instituição educacional é a formação integral do aluno, o que só ocorre se a escola tiver um projeto pedagógico compatível com esse objetivo e que seja colocado em prática DE VERDADE, quer dizer, que não seja só no papel. Ter uma gama enorme de opções de atividades complementares é ótimo, mas se todos os professores e a equipe pedagógica não tiverem um plano de trabalho harmônico e integrado, os resultados poderão ser até piores do que de algumas escolas menos equipadas, mas que trabalham realmente voltadas para a formação integral dos seus alunos. Qualquer bom clube esportivo oferece conforto e oportunidades variadas para pais e filhos.

Em síntese, as atividades complementares são excelentes e devem fazer parte da formação dos nossos filhos, mas não deve ser esse o elemento principal na escolha de uma escola.

4) Escolas bilíngues

Alguns pais me perguntam se optando por uma escola bilíngue não estariam dando melhores oportunidades aos filhos.

Escola bilíngue não é apenas a que ensina duas línguas, porque isso todas as escolas no Brasil são obrigadas a fazer, a partir da 5ª série do Ensino Fundamental. Escola bilíngue é aquela que faz uso regular de duas línguas *simultaneamente*. Ou seja, a criança aprenderá a falar, escrever e ler em dois idiomas ao mesmo tempo. Em algumas delas pode inclusive ocorrer de utilizarem a segunda língua com mais frequência do que o português. Essas condições fazem com que realmente a criança se torne apta ao uso de ambas as línguas em poucos anos. Se esse é um objetivo importante para os pais, então a escola bilíngue é uma boa opção. É importante saber que existem muito poucas e, exatamente devido a isso, conseguir uma vaga é bem difícil.

Pela Lei de Diretrizes e Bases da Educação em vigor no Brasil, todas as escolas oferecem obrigatoriamente aulas de uma língua estrangeira — inglês, quase sempre — a partir da 5ª série (segunda fase do Ensino Fundamental). Além disso, a partir da 1ª série do Ensino Médio, o currículo obrigatório estabelece o ensino de uma segunda língua estrangeira, que, em geral, costuma ser espanhol ou francês. Portanto, todas as crianças terão oportunidade de aprender pelo menos uma língua estrangeira nas escolas oficiais (públicas) ou oficializadas (particulares que estão registradas junto às Secretarias de Educação).

Todos sabemos, porém, que raramente o ensino de línguas nas escolas permite alcançar o domínio do idioma. Carga horária semanal reduzida e turmas com muitos alunos são algumas das razões. Por isso, a maioria dos pais que têm possibilidades financeiras costuma matricular os filhos em cursos de idiomas. Dominar ao menos uma língua estrangeira além da materna é, sabidamente, fator de diferenciação profissional. Sem dominar o inglês, por exemplo, fica quase impossível ter sucesso em certas carreiras.

Mas as escolas bilíngues não existem para garantir essa necessidade, embora acabem indiretamente atingindo tal objetivo. Na verdade, elas existem para atender a filhos de estrangeiros (diplomatas, executivos de multinacionais etc.) que, em geral, residem no Brasil temporariamente. A perspectiva de retornar, a curto ou médio prazos, a seus países de origem cria a necessidade de que os filhos desses estrangeiros — que acabam vivendo alguns anos num país e depois em outro — sejam alfabetizados na língua pátria e na do país em que estão residindo naquele momento. Dessa forma, lhes estaria sendo assegurado o direito à continuidade dos estudos. É claro que, de modo geral, essas crianças já dominam em parte ou totalmente o idioma pátrio, utilizado em casa pela família.

Os pais brasileiros que procuram essas escolas precisam saber que seus filhos serão alfabetizados em duas línguas ao mesmo tempo, o que significa que aprenderão a escrever, falar e ler em duas línguas. Parte das crianças consegue alcançar esse objetivo sem problemas; outras podem ter dificuldades.

Escolas bilíngues podem ter também outras diferenças curriculares, já que o enfoque básico é aproximar o mais possível o ensino ministrado aqui ao do país de origem. Isso pode significar a inclusão de algumas disciplinas a mais do que o currículo mínimo brasileiro exige. Ou considerar menos importante estudar a história ou a geografia do Brasil do que a do país para onde as crianças, em princípio, irão regressar.

Dominar dois idiomas não faz mal algum, é claro. Pelo contrário, é um benefício grande. No entanto, tomar essa decisão baseada apenas nesse aspecto não é nada conveniente. Uma escola bem escolhida tem que ser analisada em função dos objetivos educacionais mais amplos da família. Quer dizer, em função de uma vantagem, não se pode perder de vista as demais necessidades educacionais.

Portanto, se, além de dominar duas línguas, a linha pedagógica coincide com o que se deseja para os filhos em termos de educação, enfim, se tudo está de acordo com o pretendido e esse item é apenas um a mais dentre todos os que lhe agradaram, então a opção pode ser feita, sem susto.

Outra consideração é que nem todas as crianças têm a mesma facilidade para aprender, o mesmo ritmo, nem o mesmo rendimento. Conhecer bem a criança, sua capacidade, suas características pessoais de aprendizagem é fundamental. Em geral, esse tipo de colégio costuma ter o que se convencionou chamar "um ensino puxado", que às vezes atrai muito os pais, mas que nem sempre é a melhor opção para todas as crianças.

Antes de tomar a decisão final, lembre-se também de que não há problema algum em esperar para começar a aprendizagem de uma nova língua quando seu filho estiver na 5ª série, como ocorre na grande maioria das escolas. Esse poderá ser também o momento de matriculá-lo em um dos inúmeros e excelentes cursos de línguas existentes em todo o país.

Muitas escolas (que não são bilíngues) iniciam o ensino de inglês até na Educação Infantil. Outras incluem francês ou espanhol um ou dois anos depois de a criança ter sido alfabetizada em português. Essa inclusão é feita de forma paulatina, sem cobranças e sem preocupação com avaliação. É uma forma muito didática de ir familiarizando a criança com a pronúncia, o ritmo e algumas expressões mais comuns da linguagem diária, com o objetivo de desinibir a criança.

O importante, em tudo isso, é não sobrecarregar — nem subestimar — a capacidade da criança. Não exigir mais do que ela pode dar é um procedimento equilibrado que previne muitos problemas.

Se, porém, você percebe que seu filho tem interesse e é muito motivado pela aprendizagem de outras línguas, a dupla alfabetização poderá ser útil. Verifique, porém, se o currículo da escola que está sendo analisada atende a todas as exigências do currículo mínimo brasileiro, para que, no caso de uma transferência de colégio, seu filho não venha a ter problemas.

V.
Linha pedagógica

Agora que você já pensou, discutiu e decidiu se deseja uma escola de horário integral ou de um turno apenas, se quer alfabetizá-lo em uma língua ou duas, se quer que a escola tenha atividades extracurriculares ou não, se deseja que a escola seja leiga ou religiosa — decisões mais rápidas e fáceis de tomar —, você deve analisar a parte mais importante, que é, sem dúvida, saber...

> QUE TIPO DE ESCOLA QUER, DO PONTO DE VISTA PEDAGÓGICO

De maneira geral, as pessoas costumam escolher a escola por ser mais próxima de casa, porque a amiga tem os filhos lá e disse que é ótima ou, ainda, porque você acha o prédio lindo e as instalações maravilhosas. Esses aspectos são também válidos e devem ser considerados, mas sem dúvida o que importa, acima de tudo, é saber o tipo de educação que seu filho receberá. Você deve estar pensando:

"Mas como, se não entendo nada de pedagogia?"

É que não precisa ser um especialista: basta ter clareza e segurança quanto a alguns pontos para tomar a decisão adequada.

Como nortear sua escolha

Pense na forma pela qual você educa seu filho e, se você acredita no trabalho que faz, busque uma instituição que trabalhe em moldes semelhantes aos seus. Para que seu filho seja feliz, mais importante que tudo é haver coerência entre a forma como você educa em casa e a que a escola irá desenvolver. O ideal é que aquilo que a escola faz encontre ressonância no que você faz e vice-versa.

Não existe nada menos produtivo do que colocar a criança numa escola tradicional, que dê bastante ênfase à disciplina, se em casa você não quer ou não consegue dar limites. E muitos pais pensam exatamente assim: "Não dou conta desse menino, a escola vai me ajudar nisso!"

Esperar que a escola faça o papel da mamãe e do papai é um engano e um sério caminho para atritos: entre a escola e a criança; entre a criança e a família ou entre a família e a escola.

E essa é, aliás, uma ilusão bem comum: pais que ficam ausentes o dia todo costumam esperar que a escola faça tudo que eles gostariam de fazer e não fazem porque acreditam não ter tempo; pais que não conseguem dar limites, porque são inseguros ou culpados em relação aos filhos, também costumam esperar que a escola ocupe essa função.

É sempre bom repetir que ninguém substitui os pais na tarefa de educar, de socializar, de ensinar o que é certo e o que é errado, deformar cidadãos éticos e de dar valores aos filhos.

A boa escola, aquela selecionada adequadamente, irá colaborar de forma substancial nesse sentido, mas nunca poderá substituir ou reparar o mal que a omissão dos pais causa. Portanto, *encare sempre a escola como um local em que seu filho irá encontrar reforço para as ideias e os valores que você desenvolve em casa.* Daí por que conhecer a linha pedagógica é tão importante.

Três situações ocorrem com muita frequência hoje em dia:

1ª SITUAÇÃO:

- Você reconhece que seu filho está sem limites;
- que não consegue dizer um "não" sem morrer de remorso;
- você vive questionando qual o momento de dizer *sim* e qual o momento de dizer *não;*
- você está percebendo que deixou as coisas correrem muito frouxas e agora ficar em casa com seu filho virou um verdadeiro tormento;
- você sente até medo na hora em que coloca a chave na fechadura da porta e escuta a gritaria que está lá dentro.

Nesse caso, pode pensar que escolher uma escola "bem dura", que "dê jeito nas crianças" seja uma maravilhosa solução. E aí toca a procurar, a indagar, a Deus e ao mundo, qual é a escola mais conservadora da cidade e... corre a matricular o filho lá. Pode até dar certo no início. Mas é evidente que seu filho estará vivendo duas realidades completamente opostas — e isso só vai fazer confusão na cabecinha dele. E trazer insegurança. Não vai certamente resolver o seu problema de insegurança como mãe ou pai — nem o da falta de limites do seu filho.

Você pode sim, optar por uma escola bem tradicional, exigente em termos de disciplina etc., mas isso só trará bons resultados se você — em casa — estiver decidida também a mudar.

A opção por uma escola tradicional também poderá dar certo se você — no momento em que constatou que foi exageradamente permissiva, muito insegura ou muito omissa — começar a conversar com os orientadores educacionais da escola para saber o que é preciso mudar nas suas atitudes **em casa** — e, portanto, iniciar um processo que aproxime seu procedimento aos da escola. Aí sim, beleza! A lua de mel vai começar... E os problemas sistematicamente começarão, por sua vez, a diminuir.

Em resumo, se você e seu marido são muito permissivos e já reconhecem que esse caminho está trazendo problemas, escolher uma escola tradicional pode dar certo — *mas só se houver coerência em casa. De nada adiantará esperar que a escola supra suas indecisões, falhas ou incoerências.*

2ª SITUAÇÃO:

- O oposto também costuma acontecer:
  — Você se considera severa demais, rígida mesmo; ou
  — acha o seu marido severo demais; ou
  — reconhece que <u>ambos</u> são "da antiga" (maneira atual de dizer que educam como nossos pais nos educavam) e, olhando os amigos, os vizinhos, escutando as críticas da vovó, da titia, dos amigos e dos inimigos também;
  — começa a sentir-se "a madrasta da Branca de Neve casada com o Lobo Mau, que come criancinhas" e, então, ao contrário do exemplo acima, cheia de remorsos, tenta descobrir a escola mais moderna, mais liberal, para lá matricular seu filhote — coitadinho, tão massacrado em casa pelos pais severíssimos! —, numa tentativa de compensar as limitações que ele tem em casa.

Nesse caso, você terá o mesmo problema, só que ao inverso. Mas, do mesmo modo, serão duas realidades opostas, que trarão insegurança à criança.

Essa opção poderá dar certo se você mãe e você pai estiverem realmente conscientes de que são severos e rígidos demais e, por isso, insatisfeitos consigo próprios, querem mudar. O que só pode receber aprovação geral. O que pode haver de mais louvável do que uma autocrítica construtiva? Começando, portanto, pela mudança pessoal e, a partir daí então, escolhendo uma escola moderna e liberal.

O que não dá bom resultado MESMO é escolher um lugar para seu filho ser orientado, e educá-lo exatamente na direção oposta em casa. Em resumo, quanto mais concordância houver na maneira de educar, de ver o mundo, de pensar a educação, mais segura a criança se sentirá, menos contradições enfrentará, menos conflitos viverá a cada dia...

3ª SITUAÇÃO:

Existem pais que nem analisam o que a escola propõe do ponto de vista de educação, porque supõem, ingenuamente, que, se é uma escola, então é confiável em termos educacionais. Infelizmente, essa não é a realidade. Como em qualquer área profissional, podemos encontrar:

- instituições educacionais maravilhosas, com uma proposta pedagógica legítima e que lutam diariamente para concretizá-la;
- as que não têm projeto pedagógico;
- as que afirmam e apresentam uma proposta, mas que não sabem ou, pior, não pretendem operacionalizá-la;
- as que encaram os alunos apenas do ponto de vista comercial e, portanto, tudo farão para mantê-los lá.

Por isso, é importante saber algumas coisas sobre o projeto pedagógico, antes de decidir. Quem não procura

desvendar o modelo de ensino da escola pode ser levado a matricular os filhos seguindo critérios totalmente secundários — como a localização mais confortável, por exemplo. E aí, depois de alguns meses, perceber que nada do que esperava — ainda que nem tivesse muita consciência do que de fato esperava — encontra nessa instituição.
E é nessa hora que os conflitos começam.

> **Ter consciência do modelo de ensino que a escola adota e do que cada um de nós espera nela encontrar é a chave de uma escolha que poderá garantir uma parceria verdadeira e duradoura entre família e escola.**

Logicamente isso não significa que os pais precisam ir para a faculdade estudar pedagogia, nem comprar e devorar livros sobre educação. Quem quiser, ótimo, saber não ocupa espaço, e, se o interesse existe, perfeito. Mas isso não é realmente necessário.

Os pais só precisam saber como a escola desenvolve o seu trabalho em relação aos seguintes quesitos:

- conteúdo (a matéria que vão ensinar);
- metodologia (como vão ensinar o conteúdo);
- disciplina (como funciona a questão dos limites);
- avaliação (maneira de verificar o progresso do aluno).

Quando os pais conseguem saber o que a escola pretende em termos educacionais — e se esse objetivo coincide com os seus —, então tudo estará muito próximo de ser resolvido. Para que tudo se encaminhe como desejamos, é necessário saber um pouco sobre Educação.

Classificação das escolas

As escolas, de modo geral, são classificadas de acordo com a filosofia de educação que seguem. Ocorre que, atualmente, é quase impossível classificá-las com rigor, porque é muito raro encontrarmos quem siga apenas uma linha teórica. A grande maioria é eclética, quer dizer, utiliza ideias e coloca em prática partes de várias teorias.

Seria necessário escrever vários livros para tentar esmiuçar todos os tipos de linhas pedagógicas que existem — e talvez ainda assim a questão não ficasse esclarecida por completo —, mas, felizmente, isso não é necessário para os pais fazerem suas escolhas de forma acertada. Se a partir da leitura deste livro você se tornar capaz de diferenciar uma escola moderna de uma conservadora, já será suficiente para evitar milhares de enganos e desilusões. Em todo caso, vale a pena citar algumas classificações existentes, DEIXANDO CLARO QUE AUTORES DIVERSOS CLASSIFICAM DE MANEIRA TAMBÉM DIVERSA AS LINHAS PEDAGÓGICAS, de acordo com o enfoque que escolhem. Vou citar aqui a que é utilizada por Lorenzo Luzuriaga (*História da educação e da pedagogia*). Não é a mais completa, talvez nem a mais utilizada, mas creio que é bem clara e didática, e por isso a escolhi, pois atende aos objetivos a que nos propusemos neste livro.

Até meados do século passado — incrível, mas é isso mesmo, o século XX já é o século passado —, quer dizer, até por volta de 1950-60 aproximadamente, as escolas trabalhavam mais ou menos da mesma forma: seguindo o que se convencionou chamar Escola Tradicional ou Conservadora. Por mais que nos soe antiga ou ultrapassada, ainda hoje temos muitas instituições que seguem essa orientação. Sem que deixem de ser eficientes por isso. Tudo vai depender dos objetivos que você, mãe, tiver em relação ao ensino.

A Escola Tradicional baseia-se grandemente nos escritos de Hegel (século XVIII) sobre educação. Hegel defendia a escola como agência cultural, ou seja, o lugar onde se transmitiam os conhecimentos acumulados através dos séculos às novas gerações. O professor ensinava basicamente pela exposição oral, quer dizer, explicava a matéria, depois passava vários exercícios sobre o tema, aplicava novas tarefas para serem feitas em casa e, tempos depois, verificava se tudo tinha sido aprendido direitinho, através da prova. Também era muito comum ditar um resumo do que fora explicado para os alunos copiarem e depois passarem a limpo em casa. Esse esquema foi utilizado durante muitos e muitos anos. Aliás, muitos professores continuam a trabalhar dessa maneira até hoje. Não que seja proibido ou que cause algum dano à criança. No entanto, já se comprovou que existem formas mais ricas e adequadas de ensinar, mais criativas, lúdicas, prazerosas e motivadoras e, o que é mais importante, mais adequadas às exigências da sociedade moderna.

Foi apenas a partir de 1960, e até mais recentemente, que assistimos a uma espetacular mudança em termos de conceitos de ensino. Reformas curriculares e metodológicas começaram a surgir e sucederam-se de forma acelerada. Essas mudanças tiveram origem nas novas formas de encarar os processos de ensinar, assim como o de aprender.

A causa dessa mudança no enfoque educacional pode ser atribuída, entre várias outras, às mudanças espetaculares que ocorreram na nossa sociedade nos últimos sessenta anos, quer do ponto de vista das ciências, quer do tecnológico. Tais alterações deram origem a uma nova cultura da aprendizagem, que pode ser caracterizada por três aspectos: a maciça carga de informação, a multiplicação das formas de saber e a necessidade de uma educação contínua, gerada pela própria mutabilidade dos saberes. Esses três fatores fizeram com que surgissem novas formas de organizar o trabalho escolar, seja em termos de métodos e objetivos, seja no que se refere ao relacionamento entre professores e alunos. Essas transformações tornaram-se necessárias, portanto, devido às novas formas de conceber a natureza do conhecimento e sua gênese. Razões sociais e culturais também tiveram seu papel nessa nova concepção de educação, na medida em que a função social do professor tornou-se bem diversa daquela que predominava no início do século XX. Hoje, o professor não é um mero transmissor de conhecimentos; seu trabalho é muito mais amplo e complexo e sua função, bem mais ambiciosa.

Também devemos incluir razões didáticas e pedagógicas para essas alterações na forma de trabalhar a educação: novas práticas escolares são colocadas em ação à medida que os conhecimentos e os fundamentos sobre o processo da aprendizagem se tornam mais e mais profundos. Em linhas gerais, podemos apresentar três grandes linhas pedagógicas, segundo Luzuriaga:

1) Individual;
2) Psicológica;
3) Filosófico-social.

O enfoque individualista

O enfoque individualista na Educação começa a ser esboçado na Renascença (século XVI) com Montaigne e Erasmo, passando no século seguinte por Locke, e no seguinte, por Rousseau. Nos nossos dias, os principais representantes foram William James e Bertrand Russell. A ideia básica e inovadora é que a educação deve estar a serviço da formação da personalidade, que seria a síntese entre o individual e o social, entre o físico e o espiritual. A escola não deve ser um mero local onde se ensina a cultura acumulada, mas o centro da vida, o local no qual se desenvolve a personalidade do aluno. O método deve subordinar-se à criança e não o contrário, como tinha sido até então. Para William James, por exemplo, representante do pragmatismo, a educação é, sobretudo, a formação de hábitos de conduta, a tolerância, o respeito e o pleno desenvolvimento da individualidade.

O enfoque psicológico

No final do século XIX, Vives e Rousseau tornaram públicas importantes observações sobre o desenvolvimento da inteligência, mas é somente no início do século XX que as ideias de Binet, Claparède e Jean Piaget ganharam força e começaram a ser aplicadas à Educação. Estes autores defendiam a ideia da necessidade de se estudar a criança, pois acreditavam — como vieram a provar — que elas têm características psicológicas próprias, que as diferenciam grandemente do modo de ver, pensar e agir dos adultos. Claparède é o autor da ideia de uma "pedagogia funcional", ou seja, baseada nas necessidades e interesses da criança. Para ele a infância é a fase da brincadeira, do jogo, que é gradualmente substituída pelo trabalho, mais tarde. É um dos maiores defensores da Escola Ativa.

Jean Piaget, discípulo de Claparède, foi um grande estudioso da psicologia infantil, especialmente no que se refere ao desenvolvimento cognitivo. Também é um grande defensor da Escola Ativa. Para ele, educar é adaptar o indivíduo ao meio social. Acreditava que a educação devia basear-se na psicologia da criança e em suas manifestações.

A Pedagogia Ativa foi, sem dúvida, o movimento que mais inovou em Educação. Foi o movimento que produziu uma ruptura com a forma tradicional de ensinar, em que o aluno "recebia" o saber, digamos assim, pronto, acabado e indiscutido do professor, trazendo, pela primeira vez, a ideia de que aquilo que se faz aprende-se mais e melhor do que o que apenas se ouve e memoriza.

A Escola Ativa conheceu seus primórdios, como vimos, em Rousseau, mas também foram extremamente significativas as contribuições de Pestalozzi. Foi, no entanto, com John Dewey, da Universidade de Chicago, por volta de 1897, que os primeiros trabalhos científicos se iniciaram de fato. Para Dewey, o aluno deveria aprender através da experiência direta, isto é, por meio de uma atividade na qual estivesse pessoalmente interessado: de preferência, um problema autêntico, que estimulasse seu pensamento, dando-lhe oportunidade de propor e analisar soluções e de comprová-las na prática, de forma a descobrir sua validade. Dewey é também um ardoroso democrata e defensor do que chamou Educação Progressiva (nome dado nos Estados Unidos à Escola Nova).

Variações sobre o tema surgiram quase simultaneamente na Alemanha (Escola do Trabalho), na Suíça (Escola Ativa) e na Itália (com Maria Montessori), para citar apenas alguns países. As denominações para essa modalidade pedagógica variam, por isso mesmo, bastante (Escola Pragmática, Escola do Trabalho, Escola Ativa, Pedagogia dos Métodos Ativos, Escola Construtivista, Escola Nova). Na prática, as diferenças não são, no entanto, tão significativas.

O fundamental é compreender que a grande modificação trazida por essa vertente pedagógica para o ensino foi apoiar-se na ideia de que o conhecimento não é ensinado, mas sim estimulado e construído pela própria criança, a partir de experiências que estimulem as diferentes inteligências do ser humano. Daí o termo Construtivismo, tão conhecido e difundido atualmente entre pais e educadores.

Também trouxe a ideia de que a criança não é um adulto em miniatura, tem especificidades de acordo com a faixa etária, e que aprender fazendo, isto é, ativamente, surte um resultado muito melhor, quer seja em termos do saber propriamente dito, como também em relação à motivação e à qualidade do aprendido. Preconiza, portanto, que se trabalhe em sala de aula evitando trazer os conhecimentos prontos para o aluno apenas memorizar. Ao contrário, o professor deve agir estimulando a dúvida, a experimentação, o uso de habilidades diversas e desenvolvendo o raciocínio.

O termo "construtivismo", desenvolvido por Emília Ferreiro com base nos estudos de Jean Piaget — tão utilizado e presente hoje —, é, na verdade, uma teoria do conhecimento segundo a qual as pessoas aprendem, de forma significativa, quando participam diretamente da construção do conhecimento que está sendo trabalhado, e não mecanicamente. Daí por que tantos enganos: muitos interpretaram esse enfoque tão "ao pé da letra" que passaram a considerar que o professor não deveria atuar diretamente *em nada*. Isso gerou muita confusão nas escolas, indisciplina, incompreensão e desentendimentos. E queda no nível de aprendizagem também. Devo deixar bem claro, porém, que isso sucedeu por distorções na forma de aplicar a teoria, e não porque ela não seja boa em si.

É, por outro lado, importante dizer também que sua aplicação é bem mais complexa do que o método tradicional de ensino. Pense bem: uma coisa é você preparar a síntese de um tema que conhece bem e apresentá-la aos alunos, explicar uma ou duas vezes, dar exercícios sobre o assunto e... Pronto! Outra, muito diversa, sem dúvida alguma, é o professor ter que criar, a cada aula, um novo desafio, uma questão que desperte o interesse do aluno, uma dinâmica que os encaminhe à descoberta e à aprendizagem quase que autonomamente, agindo ele apenas como um orientador e um incentivador. É muito mais difícil, exige mais habilidade técnica, formação mais qualificada e mais tempo de preparo. Não que os professores não queiram, mas muitas vezes não conseguem, por uma série de questões, entre as quais, por exemplo, o grande número de aulas que ministram a cada semana para sobreviver e o número excessivo de alunos em sala de aula, especialmente nas escolas públicas.

Para fazer de fato Ensino Ativo, para que os próprios alunos construam seus conhecimentos, é preciso que os professores estejam muito bem preparados, que as turmas sejam pequenas, que haja disponibilidade de tempo para preparar aulas que problematizem a realidade, porque em resumo, é muito mais fácil dar uma aula discursiva do que idealizar continuamente situações provocadoras, que conduzam o aluno à postura ativa e participativa. Não quer dizer que a Escola Ativa não tenha acontecido na prática, mas na verdade o que parece prevalecer, ainda hoje, na maioria das escolas, é a aula tradicional.

O enfoque filosófico-social

A formulação da Pedagogia Social começa em 1898, com a publicação da obra de Paul Natorp, *Pedagogia social*. Esta corrente tem várias modalidades: a social idealista;

a social histórica; a sociológica de Durkheim, a cívica, a cultural, entre outras.

O que vale saber é que essa concepção vê o homem como um ser social, que não cresce isolado e nem somente um ao lado do outro, mas sob a influência dos demais e em constante interação com eles. A educação regula e configura moralmente as gerações mais jovens, dando-lhes conteúdo moral e espiritual. Encara a educação como inserida num contexto, o que vale dizer que as ideias educacionais não são absolutas, pois só valem para determinada sociedade, num determinado momento. Em outras palavras, os fins da educação variam no tempo e no espaço.

Segundo Durkheim, um dos principais inspiradores dessa corrente, educação é a ação exercida pelas gerações adultas sobre as mais jovens, tendo por objeto suscitar e desenvolver certos estados físicos, intelectuais e morais exigidos pela sociedade política no seu conjunto e pelo meio específico a que ela particularmente se destina. Cada geração demanda o início de um novo trabalho, pois é através da educação que a sociedade se perpetua.

Novos enfoques

Não se preocupe! Não precisa decorar nada do que apresentamos, só compreender. Além do mais, essas informações são apenas pequenas gotas no oceano de ideias que se sucederam na Educação ao longo das últimas décadas.

Além das que já citamos, existem ainda outras tantas teorias que vieram se somar àquelas (Teoria da Inteligência Emocional, das Inteligências Múltiplas, Ensino para Competência, Teoria Não Diretiva, Escola Tecnicista, Escola Logosófica, Crítico-Social dos Conteúdos etc.), enriquecendo e modificando a forma de encarar o ensino. Daí por que os pais, muitas vezes, se sentem perdidos, sem saber o que fazer ou que tipo de escola escolher:

- Às vezes, você recebe a informação de que uma escola é, por exemplo, construtivista. Aí você pensa:

> *"Escola Construtivista! Me disseram que é o que existe de mais moderno em Educação..."*

Você vai lá, pede entrevista, ouve coisas interessantíssimas sobre o trabalho desenvolvido e decide matricular seu filho.

Algum tempo depois, por acaso, esperando seu filhote na hora da saída, você tem a oportunidade de observar uma aula. E o que você vê? O professor fazendo exatamente o que os seus professores faziam: parado lá na frente, explicando, falando, falando, escrevendo no quadro de giz e as crianças copiando, copiando. Aí você se pergunta, intrigada:

> *"Mas não é essa a escola em que os alunos aprendem fazendo? Em que a participação ativa das crianças é a mola mestra de todas as atividades? Palavras que você*

ouviu da pessoa que a recebeu para a entrevista e que a encantaram... Que desilusão! É isso então uma escola construtivista? Ou não?"

Quase com certeza, não. No entanto, eu não arriscaria dizer "com certeza não é". Porque a abordagem construtivista da aprendizagem permite haver momentos de síntese. Talvez tenha sido a isso que, por acaso, você assistiu. De qualquer modo, numa escola construtivista, raramente o aluno fica totalmente passivo, já que a construção do conhecimento se dá através de atividades e não da memorização mecânica de conceitos, além de levar em conta o modo próprio de perceber e apreender o mundo, específico em cada fase do desenvolvimento. Portanto, é necessário muito cuidado; só se podem tirar conclusões após muitas evidências!

- Pode também ocorrer o inverso.

Como o que aconteceu com uma mãe, que me relatou o seguinte:

"Matriculei minha filha de 4 anos numa escola construtivista, porque me disseram que lá ela teria um ensino e atendimento excelentes; seria respeitada em termos das suas necessidades e desenvolvimento intelectual. Fiquei encantada quando fui à entrevista. Achei que seria ótimo, pois trabalho fora o dia todo, meu marido também, além do fato de que ela é filha única. No entanto, poucos meses depois, nossa vida virou um verdadeiro inferno:

minha filha já não aceitava nada em termos de horários, comida, regras; qualquer restrição, por exemplo, a um programa na televisão gerava uma cena terrível, gritos, uma choradeira infernal. Tentávamos conversar, explicar e cada uma dessas coisas só piorava o quadro. Quanto mais tentávamos falar, mais alto ela gritava e se jogava no chão. Enfim, só parava se fizéssemos o que ela queria. Nossa vida (e nossa filha, que até então era tranquila) ficou um horror. Era briga, conflito, choro, todos os dias! Fui à escola e vi que, também lá, as crianças faziam só o que queriam, era uma confusão incrível, crianças correndo para cá e para lá, outras chorando e os professores... passivamente assistindo! Conversando com a orientadora, ela disse que construtivismo é assim: a criança constrói tudo ela própria! Fiquei horrorizada e tirei minha filha de lá. Morrendo de medo, matriculei-a num colégio com fama de bem tradicional. Estava morta de medo da mudança. Mas, para minha surpresa e alívio, depois de três dias ela estava adaptada, tranquila e feliz!"

A essa altura, você estará se perguntando:

"Mas, afinal, Escola Construtivista é assim mesmo ou não?"

A resposta é: nem como num caso nem como no outro. O primeiro é um exemplo típico de aula de Escola Tradicional e o segundo, de uma que não tem modelo algum. Daí a importância de se conhecer o projeto pedagógico da instituição. E de saber, ao menos, as diferenças básicas e o que esperar do ensino tradicional e do moderno.

Infelizmente, os dois exemplos são bem comuns: algumas escolas, como no segundo caso, no afã de adotar o "modelo mais moderno de Educação" — sem analisar com profundidade se tal teoria é de fato passível de ser colocada em prática naquela realidade, sem promover as mudanças necessárias a sua implementação e, pior, sem propiciar um treinamento adequado dos professores —, aceitam e tentam utilizar as "novidades pedagógicas", sem maiores cautelas. Ocorre que nem sempre novo é sinônimo de ótimo. Mas às vezes é. Então temos que ter muito cuidado e calma. Se não, o que acontece? Equívocos e mais equívocos... Tanto por parte de algumas escolas, como por parte de alguns pais que acabam influenciados pelo que escutam dizer...

Na prática, professores que sabem trabalhar realmente de acordo com a teoria construtivista jamais deixariam tudo ao "deus-dará", como nas cenas descritas acima, que são desvirtuamentos da teoria, que, infelizmente, às vezes acontecem na prática.

O primeiro exemplo, por outro lado, poderia ocorrer, eventualmente, numa Escola Construtivista, em algumas situações, sem obrigatoriamente descaracterizar a ideia básica, que é a da construção do conhecimento, isto é, da aprendizagem através do trabalho do próprio aluno.

- Também pode acontecer:

A escola tem fama de ser tradicional. Você vai lá e vê os alunos em atividades variadas, com diversos laboratórios à disposição, aulas de informática, de inglês e de francês... E aí você fica se perguntando:

"Então, esta é uma escola tradicional? Ou é moderna?"

Na verdade, como dissemos, poucas são as escolas que, hoje, seguem um modelo pedagógico rígido. O mais frequente é a mistura, a combinação de aspectos de variadas teorias.

"Isso é bom ou é errado?"

Estarão, na certa, vocês perguntando...
Então vamos organizar:

1) <u>**O que saber em relação ao conteúdo:**</u>

   a) Escolas Tradicionais dão mais importância ao conteúdo acadêmico (é o que os pais chamam de matéria ou conteúdo dos programas);
   b) Escolas Modernas valorizam mais outros aspectos do desenvolvimento humano (como aprender a conviver e aprender a ser, por exemplo).

   Se o conteúdo, a parte que as pessoas chamam de programa, é o elemento mais importante (ou o único que conta), trata-se de uma Escola Tradicional.

   Se há equilíbrio, quer dizer, se os aspectos acadêmico e humano contam na mesma medida ou se esses últimos predominam, trata-se de uma Escola Moderna.

2) O que saber em relação à metodologia:

a) Informe-se sobre o método mais utilizado pelos professores em sala de aula;
b) procure saber se cada professor trabalha do seu jeito, ou se há alguma supervisão pedagógica;
c) indague sobre atividades que ocorrem fora de sala de aula;
d) pergunte se os professores costumam utilizar trabalho de grupo, se usam o método de pesquisa, se há momentos em que os professores de várias matérias trabalham engajados em algum projeto conjunto.

Na Escola Tradicional clássica, os professores não se preocupam em variar a metodologia, isto é, a maneira pela qual as aulas são ministradas. Quase sempre utilizam a exposição oral, isto é, eles vão explicando a matéria e os alunos ficam prestando atenção. Em geral, a seguir, depois de terminada a parte expositiva da aula, passam exercícios de fixação. Na aula seguinte, repete-se a rotina, até o dia da prova, quando são verificados os conhecimentos aprendidos.

Numa Escola Moderna, os professores procuram variar a metodologia. Podem usar também a aula expositiva, mas na maior parte do tempo haverá variedade; uma aula será dada, por exemplo, no jardim, para observarem determinados fenômenos da natureza; no outro dia, o professor trará um filme para os alunos assistirem e, a partir daí, lerão um texto sobre o assunto central; poderá apresentar um problema para discussão. Em síntese, na metodologia da Escola Tradicional, o professor é ativo, faz a parte principal, e, na Moderna, alunos e professores são ativos; mas as tarefas são executadas pelos alunos, enquanto o professor coordena, orienta, sugere ou propõe atividades a serem desenvolvidas.

3) **O que saber com relação à questão da disciplina e dos limites:**

a) Procure saber quais são as regras de disciplina;
b) se os horários de entrada e saída em sala de aula e na escola são rígidos ou flexíveis;
c) como a escola atua, se um aluno não obedece às regras;
d) se a frequência é obrigatória em todas as aulas e séries;
e) se os alunos podem fumar, namorar dentro da escola;
f) como é o acesso dos alunos à coordenação, aos orientadores, ao diretor.

Numa Escola Tradicional, todas as condutas e regras estão previstas e as sanções que se aplicam a cada caso, também. Não se costuma fazer exceções. Nem o aluno participa da construção dessas regras.

Na Escola Moderna, as regras existem, mas costumam ser em menor número e há também certa flexibilidade em relação a elas; quer dizer, as regras existem, mas admite-se que sejam discutidas, em alguns casos, e até alteradas, se for necessário.

Portanto, pense bem antes de fazer sua escolha. Não é justo que, depois, você espere que a escola modifique sua estrutura e objetivos para atender aos seus desejos ou interesses. O regulamento da escola existe para ser seguido por todos. E o melhor que você pode fazer por seu filho em relação à questão dos limites é mostrar que é a primeira a segui-los e respeitá-los, nunca tentando modificá-los ou transgredi-los de acordo com a necessidade do momento.

4) Procure saber também se a escola promove atividades de lazer, comunitárias e esportivas.

As Escolas Tradicionais clássicas, conservadoras mesmo, não costumam incentivar esse tipo de atividades.

As Escolas Modernas, ao contrário, dão bastante ênfase e procuram incentivar e criar situações nas quais os alunos possam estar juntos com a família e a comunidade; há muitos projetos visando a despertar a solidariedade e a cidadania. A comunidade é convidada a participar de variadas formas e sente-se bem-vinda. Os alunos são incentivados a participar de campanhas de apoio à comunidade, de atividades sociais e até de prestação de serviços.

Em geral, hoje, quase todas as escolas têm essa preocupação. O grau e a intensidade com que essas atividades ocorrem é que variam, sendo bem mais intensas e constantes nas escolas mais modernas.

"Mas se ambas têm as duas características, então, como vou saber????"

Estarão vocês se perguntando, à beira de um ataque de nervos. Não, não é tão difícil quanto parece: basta conseguir saber...

> ...O TIPO DE TRABALHO QUE PREDOMINA

Em outras palavras, já que a maioria das escolas usa métodos variados, o que você deve fazer, em primeiro lugar, é ter clareza do tipo de escola que deseja para seus filhos e, depois, procurar identificar antes de escolher ou mesmo que eles já estejam na escola, qual o tipo de trabalho mais frequente.

Para poder fazer essa classificação, você tem que considerar:

— *Grosso modo*, Escolas Tradicionais são aquelas que dão primazia ao conteúdo e são mais rígidas e exigentes na questão da disciplina e dos limites do que uma Escola Moderna.

— Em outras palavras, enquanto a Escola Tradicional controla mais o comportamento dos alunos, as Escolas Modernas costumam ser mais liberais e com menos regras estabelecidas de conduta.

— Enquanto a Escola Tradicional dá mais importância ao conteúdo, à matéria que está sendo ensinada e, portanto, "cobra" mais conhecimentos na hora da avaliação, a Escola Moderna tende a valorizar, em primeira instância, a forma pela qual o aluno aprende, criando situações de aprendizagem na qual o aluno tem atividade constante; quer dizer: a metodologia e o processo de aprendizagem são os aspectos mais importantes.

— A avaliação, numa Escola Moderna, considera outros elementos além de quanto o aluno aprendeu em relação às matérias dadas e de quanto ele tirou nas provas. A avaliação na Escola Moderna visa também a analisar a forma pela qual o professor atua, não somente o que os alunos aprenderam, visto que considera que há uma inter-relação fundamental entre a maneira pela qual o professor atua e o que o aluno aprende.

— Na Escola Tradicional, os aspectos quantitativos são basicamente os que contam; dá mais ênfase à quantidade de matéria que os alunos aprenderam, ficando em segundo plano projetos sociais, pesquisas e passeios a museus e parques, isto é, o oferecimento de atividades musicais, artísticas, esportivas e culturais ou campanhas que envolvam os alunos nos problemas da comunidade etc. Algumas escolas conservadoras até têm atividades desse tipo, mas, em geral, não fazem parte da avaliação, ou, se fazem, têm participação mínima.

— A participação dos pais e da comunidade numa escola conservadora não é primordial nem incentivada; em geral, eles são chamados apenas quando há algum problema para ser resolvido ou uma questão específica a ser tratada; uma Escola Moderna gasta grande parte do seu tempo organizando atividades em que os alunos se engajem, muitas vezes procurando fazer com que a família também participe.

— A Escola Tradicional utiliza como método a exposição oral, na maior parte do tempo, enquanto a Moderna procura fazer com que os alunos sejam os agentes da aprendizagem, fazendo para tanto uso de metodologias que propiciem a participação ativa do aluno (estudos dirigidos, trabalhos de grupo, métodos de projetos, método de problemas, pesquisas etc.).

— Na Escola Tradicional, o aluno precisa mostrar o quanto aprendeu através, quase sempre, de provas e testes. Na Escola Moderna, além do quanto aprendeu, são levados em consideração outros aspectos, tais como: hábitos de estudo, capacidade de resolução de problemas, iniciativa, liderança, participação nas atividades em sala de aula, cordialidade com os colegas, atenção, esforço pessoal etc.

Para quem quiser saber mais

Escolas Tradicionais

A Escola Tradicional tem como característica básica o fato de estar comprometida e preocupada com a cultura, ou seja, sua meta maior é a transmissão dos conhecimentos acumulados pelas gerações anteriores. Você, pai, poderia reconhecer uma Escola Tradicional como aquela que, no dizer popular, "dá muita matéria", ou seja, preocupa-se com o conteúdo do ensino, com o cumprimento do programa de ensino.

Além disso, é uma escola em que os conteúdos são repassados aos alunos como verdades absolutas, ou seja, não serão discutidos ou colocados em questão.

Como consequência, os alunos têm pouca participação nas aulas, a maior parte do tempo o que fazem é ouvir e prestar atenção ao que o professor diz. Quando for visitar uma escola, tente observar a atitude dos alunos durante as aulas. Tem muita escola por aí que se diz moderna, ativa, construtivista, montessoriana etc., mas que é igualzinha àquela em que você estudou há trinta anos.

A Escola Tradicional acredita que todos podem aprender igualmente, daí por que grupa seus alunos por faixa etária e série. As turmas são organizadas por idade ou rendimento e todas as aulas são dadas em conjunto, com atividades iguais para todos os alunos da classe.

Na relação com os alunos, o que predomina é a autoridade do professor. Ou seja: o professor está hierarquicamente acima dos alunos, que devem obedecer, ouvir e aprender.

Hoje, porém, grande parte das escolas que se autodenominam tradicionais não se preocupam mais *exclusivamente* com o conteúdo, embora seja ainda o mais importante. Há também um compromisso com a formação dos seus alunos em termos morais e éticos. Só que essa formação se dá de forma clássica, mais pela exortação dos alunos ao cumprimento do dever e das regras que regem a instituição, e pela sanção (que pode ser uma simples advertência, uma conversa com os pais, ou a expulsão em casos mais graves ou de reincidência).

Na Escola Tradicional, as regras de conduta são claramente definidas; os alunos sabem o que é permitido e o que é proibido. E essas linhas que fazem parte do regulamento interno da escola não estão em discussão. O comportamento de todos — professores, inspetores, coordenadores e direção — é pautado por esse conjunto de regras.

Escolas Modernas

A diferença básica entre uma Escola Tradicional e uma Moderna é que essa última se preocupa muito em atender às necessidades do aluno, de acordo com o estágio de desenvolvimento intelectual, motor e social em que ele se encontra. Quer dizer, a Escola Moderna vê e considera a individualidade de cada ser humano, tentando, por isso, dar um tratamento diferenciado a cada um. Ao menos em tese, a Escola Moderna deve ter, portanto, turmas menores, para que o professor possa de fato acompanhar o desenvolvimento de cada um e dar assistência de acordo com a necessidade individual.

A denominação "Escola Moderna" alinha uma gama de linhas bastante extensa como: Escola Ativa, Escola Nova, Escola Não Diretiva, Escola Piagetiana, Construtivista, Montessoriana, Escola Crítico-Social dos Conteúdos etc. Cada uma delas segue as diretrizes educacionais de determinado educador ou determinada linha filosófica de um grupo de pensadores. Portanto, têm características um pouco diferentes umas das outras. Mas isso não é necessário aprofundar — a não ser que queira, é claro. O que importa é ter em mente que uma Escola Moderna tenta atender às especificidades de cada indivíduo e o ritmo de aprendizagem de cada um, tem mais flexibilidade em relação aos métodos, ao currículo, à avaliação e à disciplina.

Na Escola Moderna, os alunos têm participação grande em sala de aula, liberdade para questionar, perguntar e colocar seus pontos de vista, deixando de ser meros espectadores para tornarem-se partícipes de seu desenvolvimento. Os professores, portanto, dentro desse enfoque, devem se preocupar em utilizar metodologias variadas e, principalmente, em elaborar aulas desafiadoras, de modo a que os alunos motivem-se a participar, além de considerar cada aluno em particular, acompanhando-os e incentivando-os, através de trabalho individualizado, a superar suas dificuldades e a aprender a partir de suas próprias experiências.

No Brasil de hoje é grande o número de escolas que se dizem modernas, que tomam por base no seu trabalho Jean Piaget e Emília Ferreiro, grandes estudiosos do desenvolvimento cognitivo, isto é, do modo pelo qual o ser humano aprende, se alfabetiza, adquire, enfim, cultura e saber. No entanto, na prática, às vezes é bem difícil diferenciar tais colégios dos que são sabidamente conservadores ou tradicionais, porque, de fato, colocar em prática os objetivos da Educação Moderna nem sempre é fácil ou possível.

Para ser — de verdade — um professor moderno é necessário, por exemplo, diversificar o ensino; significa fazer vários planos de aula para cada uma de suas turmas, ou ao menos ter atividades previamente preparadas para alunos que aprendem mais rapidamente que os demais e outras para os que estão com dificuldades de aprendizagem. Implica conhecer cada aluno em sua individualidade, quer dizer, saber o que cada um entendeu e não entendeu, em que tipo de atividade ele necessita maior apoio e quais as que pode fazer sozinho. Só isso já dá uma ideia da complexidade do trabalho verdadeiramente moderno em educação. Implica ainda trabalhar continuamente a recuperação de cada aluno que apresentou rendimento deficiente (recuperação paralela) e em avaliar não apenas os conhecimentos, mas também as habilidades.

É fácil entender que isso se torna muito difícil para a prática de quem trabalha em duas ou três escolas e, especialmente, para os professores que trabalham a partir da 5ª série, em que o mesmo professor dá aulas para muitas turmas e, por vezes, nem consegue (ainda que lute e deseje isso) saber o nome e o rosto de todos os seus alunos.

Também dá para entender por que tantos professores preferem dar notas em vez de conceitos — eles temem não conhecer os alunos suficientemente para conceituá-los de forma justa. Por isso, muitos voltam à prova tradicional, porque, ainda que não seja a forma ideal de avaliar, permite que cometam menos injustiças do que quando avaliam considerando hábitos, atitudes e habilidades que não podem ou não tiveram tempo de, realmente, avaliar. E que são, evidentemente, competências mais complexas e abstratas.

Em decorrência, é bem usual encontrarmos escolas que se dizem modernas, mas que, na prática, estão fazendo exatamente o que fazem as Escolas Tradicionais.

Esperamos é que, a partir do pouco que expusemos aqui, através dessas tênues linhas divisórias, você, pai, possa perceber (pelo menos com mais clareza) se a escola que escolheu para o seu filho é moderna ou conservadora ou se é mais moderna ou mais conservadora. Como vimos, ainda que muitas se autointitulem modernas, nem todas o são realmente. Talvez você até descubra que o colégio do seu filho não é tão moderno (ou tão tradicional) quanto você queria. Mas, antes de decidir sair procurando outro, pense se, como está, seu filho está se desenvolvendo bem, está feliz, está crescendo intelectual e

socialmente. Porque, às vezes, criamos castelos e sonhamos com uma instituição tão perfeita que talvez nem exista...

O que deve importar é a percepção de que tudo está bem — você percebendo a criança indo descontraída e feliz estudar, interessada, sem estresses desnecessários, contando histórias interessantes sobre o dia a dia na sala de aula, mas sobretudo progredindo intelectual e culturalmente, bem falante, escrevendo, lendo, pesquisando, interessada em aprender, cheia de amigos e professores a quem quer bem e que a respeitam e estimam.

VI.
O que observar para diferenciar a Escola Moderna da Tradicional

1) NA ESCOLA MODERNA OS ALUNOS SÃO ATIVOS

Ao visitar a escola, repare se os alunos estão todo o tempo sentados, ouvindo o professor, ou se eles estão fazendo algum trabalho, discutindo um tema, lendo, movimentando-se em sala. É importante que conheçamos as escolas no período letivo, e não nas férias, caso contrário, não poderemos efetivamente analisar o que importa. Visitar a escola por meia horinha só não basta. É necessário que você observe ao menos duas ou três aulas, em dias diferentes, de matérias diversas, para ter noção de se há uma linha uniforme ou se cada professor trabalha do seu jeito.

Algumas escolas afirmam adotar determinada linha pedagógica, mas na verdade não o fazem nem os professores sabem disso. Cada um ministra suas aulas do jeito que quer, não há uma supervisão pedagógica, um planejamento conjunto, nada, enfim, que caracterize ação pedagógica coerente com uma determinada filosofia educacional. Por isso, muitas vezes nossos filhos "adoram" o jeito de determinado professor dar aula e detestam o de outros; sentem-se injustiçados em relação à avaliação que um professor utiliza e adoram a maneira de avaliar de outros.

2) ATIVIDADE NÃO É SINÔNIMO DE BAGUNÇA

Alunos ativos são aqueles que estão fazendo alguma coisa direcionada para um objetivo, quer dizer, estão trabalhando, discutindo um texto, elaborando um projeto ou uma maquete, enfim, estão envolvidos em alguma ação que produzirá um conhecimento, o que é completamente diferente de estarem todos falando ao mesmo tempo, gritando, rindo, se empurrando, sem um alvo pedagógico perceptível. Em suma, BAGUNÇA em sala de aula é diferente de AULA ATIVA.

Numa aula ativa, o professor também é ativo, supervisiona os trabalhos, orienta, tira dúvidas, anda — age pedagogicamente enfim, provendo situações e recursos que levem o aluno a refletir, levantar hipóteses, discutir, criticar, crescer intelectualmente. O que também é diferente de uma aula expositiva tradicional, em que o professor fala, fala, fala, escreve um resumo no quadro de giz e os alunos ficam ali, quietinhos, prestando atenção ou sonhando, "voando", pensando na praia e até às vezes — dormindo!...

3) ESCOLA MODERNA TAMBÉM PODE TER ALGUMAS AULAS EXPOSITIVAS

É importante saber que nenhuma Escola Moderna eficiente aboliu completamente as aulas expositivas, que são necessárias em alguns momentos para organização dos conteúdos estudados.

Portanto, não se precipite em classificações — nem toda aula expositiva implica uma Escola Tradicional, assim como nem toda aula em que os alunos estão fazendo um trabalho de grupo significa Escola Moderna. O que vai nos dar certeza é a predominância de atividades sobre aulas expositivas, no caso das Escolas Modernas, ou o contrário, nas Escolas Tradicionais. Você poderá encontrar Escolas Tradicionais que têm laboratórios de química, de física, de informática, mas que os utilizam tão formalmente e sem criatividade que acabam transformando-os num outro tipo canhestro de aula expositiva.

Imagine seu filho sentado em frente a um microscópio, com o professor ditando (e pedindo que os alunos anotem no caderno, colocado estrategicamente ao lado do microscópio) tudo que ele — professor — está vendo na lâmina. Imaginou? Então você está diante de uma aula expositiva disfarçada, porque seu filho não participou de nada, não teve sua mente aguçada, nem seu possível interesse científico despertado.

4) NA ESCOLA MODERNA EXISTEM ATIVIDADES EM SALA DE AULA E FORA DELA

A metodologia da Escola Moderna inclui sempre trabalhos de grupo, idas a laboratórios, a bibliotecas escolares ou municipais, passeios fora do espaço físico da sala de aula ou fora do colégio para observação da natureza ou outra finalidade pedagógica, ida a museus etc. Há também preocupação por parte dos professores em trabalhar com filmes, jornais, elaboração de murais, discussão de temas da atualidade. É uma metodologia mais rica, que torna o aprender mais fácil, lúdico e criativo.

É preciso, no entanto, certo cuidado ao analisar esses itens, porque há escolas que afirmam seguir uma determinada linha educacional, mas na prática nada do que é dito de fato ocorre.

Uma escola que se diz montessoriana (baseada nos estudos de Maria Montessori, uma das precursoras da Escola Moderna), mas que mantém turmas com muitos alunos, da mesma idade, ou com no máximo pequenas diferenças de idade, não pode ser o que diz ser, porque a prática pedagógica montessoriana exige turmas pequenas, os alunos são grupados por nível de maturidade e não por idade, podendo numa mesma sala haver alunos com até três anos de diferença, sem que isso signifique que repetiram alguma série. É uma estratégia para que os professores possam diversificar as atividades e ao mesmo tempo, acompanhar o desenvolvimento individual.

Também é propósito da Escola Moderna que professores de diversas disciplinas planejem atividades integradas, em que o que está sendo dado em Geografia, por exemplo, seja trabalhado ao mesmo tempo em Matemática e Língua Portuguesa. É uma forma de congregar os diversos componentes do currículo, tornando mais compreensíveis e imediatas, para o aluno, a aplicação e a utilidade da aprendizagem, o que por si só ajuda muito no processo de motivação.

Um exemplo: o aluno está estudando a distribuição da riqueza no país, em Geografia. Planejando atividades conjuntas, o professor de Matemática trabalha o conceito de percentagem e aplica com exemplos relacionados às classes sociais brasileiras, enquanto os textos que o professor de Português trabalha referem-se, todos eles, ao mesmo assunto. O professor de Música trabalha, com os alunos, autores da MPB que tratem do problema da desigualdade social, assim como o de História, em suas aulas, analisa as origens do problema desde o Brasil Colônia até os nossos dias. Um trabalho de avaliação, nesse caso, poderia ser uma pesquisa em que os alunos procurariam nos jornais de grande circulação notícias que veiculassem medidas governamentais visando a corrigir ou minorar o problema da desigualdade e comentassem o impacto positivo e negativo de cada uma delas.

Já na Escola Tradicional é raro os professores trabalharem integradamente. Cada um ministra suas aulas, sem preocupar-se com o que ocorre na matéria do outro.

5) A AVALIAÇÃO NA ESCOLA TRADICIONAL BASEIA-SE QUASE QUE SOMENTE NOS RESULTADOS DAS PROVAS E TESTES

A avaliação de uma Escola Moderna não pode se restringir aos aspectos do conteúdo, isto é, há também necessariamente ênfase na avaliação do desenvolvimento de habilidades, atitudes, da capacidade de análise crítica, da discussão com base em argumentos lógicos. O aluno aprende a pensar. E seu progresso deve ser analisado levando em conta também esses elementos.

A avaliação envolve, portanto, não apenas provas, mas a execução de trabalhos e a observação do professor em relação, por exemplo, à participação do aluno nas atividades propostas. São, portanto, vários aspectos que devem ser levados em consideração na hora de verificar a aprendizagem e que terão peso importante no conceito obtido pelo aluno. É muito comum haver fichas individuais, nas quais os professores anotam aspectos observados do comportamento de cada aluno. Estes aspectos também contam — percentualmente — na avaliação.

6) NA ESCOLA TRADICIONAL O PROFESSOR É AUTORIDADE INCONTESTE

Na Escola Moderna a relação entre professores e alunos é baseada num princípio democrático de igualdade, no qual o diálogo tem um papel importante. Isso não significa, no entanto, que uma Escola Moderna não tenha regras mínimas de conduta previamente fixadas, mas a diferença é que em geral elas existem em menor quantidade e são aplicadas de forma menos rígida. Sempre há possibilidade de uma conversa, de um pedido de desculpas, enfim, de uma revisão de atitudes.

A Escola Tradicional costuma ser bem mais severa em relação ao problema da disciplina.

Exemplificando: numa Escola Tradicional em que o namoro na hora do recreio é proibido, o casalzinho que for pego aos beijos no corredor será punido, sem dúvida alguma e sem apelação. Numa Escola Moderna, mesmo que esses arroubos estejam proibidos, haverá menos rigor caso os alunos sejam surpreendidos namorando. Sempre as sanções serão precedidas de muito diálogo e de novas oportunidades para superação das falhas.

A esse respeito é bom chamar atenção para o fato de que algumas escolas, exatamente por essa característica de flexibilidade, de busca do diálogo, acabam recaindo na falta completa de autoridade, na não aplicação sistemática de sanções aos alunos, o que pode conduzir a problemas bem sérios. Trata-se, no entanto, de um equívoco: a Escola Moderna tem regras sim, não é um lugar em que cada um faz o que quer ou bem entende, embora muitos interpretem, equivocadamente, dessa forma.

7) A ESCOLA TRADICIONAL SOLICITA A PARTICIPAÇÃO DOS PAIS SOMENTE EM POUCAS REUNIÕES ANUAIS OU BIMENSAIS, DE CARÁTER EMINENTEMENTE PEDAGÓGICO E INFORMATIVO

A Escola Moderna vê com bons olhos a visita de pais para orientação e esclarecimento de dúvidas. Os pais são convidados a participar de várias atividades e não apenas de reuniões de cunho pedagógico. Numa Escola Tradicional, isso é bem mais raro. Na Escola Moderna, festas, feiras de ciências, gincanas e outras atividades são organizadas com o propósito de aproximar a família promovendo uma interação importante; é frequente também a promoção de iniciativas que visam a despertar o espírito de colaboração e solidariedade nos jovens e nas crianças, como campanhas para recolher agasalhos ou alimentos e distribuir entre instituições ou comunidades carentes, nas quais a participação conjunta de pais, alunos e membros da equipe escolar é estimulada e vista como fundamental para os objetivos educacionais de cunho social.

A Escola Moderna também se preocupa em dar ao aluno independência intelectual. No meio docente isso ficou conhecido como "aprender a aprender", uma habilidade muito valorizada, que significa que o aluno, a médio prazo, deverá prescindir do professor para continuar seus estudos e sua aprendizagem. Ou seja, uma escola verdadeiramente moderna deverá conduzir seus alunos à independência intelectual, daí por que se dá tanta importância à atividade discente, ou ao "aprender fazendo".

O quadro que se segue sintetiza algumas das ideias básicas:

ESCOLA TRADICIONAL	ESCOLA MODERNA
Dá mais importância ao conteúdo	Dá importância à formação integral
Metodologia predominantemente expositiva. Cada professor planeja as suas aulas sozinho	Metodologia altamente dinâmica. Integração entre os conteúdos das matérias
Alunos têm pequena participação	Alunos participam ativamente na maioria das aulas
Relação com os alunos é hierarquizada	Relação com os alunos é democrática
Pouca participação dos pais	Pais são constantemente solicitados a participar

Acesso aos professores e equipes pedagógicas restrito	Acesso fácil aos profissionais, professores e equipe técnico-pedagógica
Avaliação enfatiza a aprendizagem dos conteúdos e é feita basicamente através de provas	Avaliação leva em conta múltiplos aspectos, além do conteúdo

Mais alguns dados

1) NÃO PROCURE ESCOLAS "PURAS" — PRATICAMENTE NÃO EXISTEM MAIS

Escolas Tradicionais e Escolas Modernas "puras" — quer dizer: que seguem rigidamente as características que acabamos de descrever — são difíceis de encontrar hoje em dia. Tanto as Escolas Modernas como as Tradicionais apresentam variedade grande de matizes. Por exemplo, você poderá encontrar uma Escola Moderna com muitas atividades diversas e lúdicas, mas que forma pessoas totalmente acríticas, enquanto outras, consideradas tradicionais, podem estar desenvolvendo um espírito crítico e analítico. Também não é raro encontrarmos escolas que se dizem modernas, mas que, na prática, são até mais conservadoras do que outras, ditas tradicionais. Isso vai depender da forma pela qual se desenvolvem os conteúdos, o tipo de aulas que ministram, os livros adotados, as atividades desenvolvidas, a visão dos professores e o que eles transmitem.

Para descobrir, de verdade, como é o ensino numa escola, você vai precisar de algum tempo. Na verdade, só depois de iniciadas as aulas, acompanhando o trabalho desenvolvido no dia a dia — através dos livros adotados, pelo tipo de trabalhos que são solicitados e analisando as tarefas que nossos filhos trazem para casa —, é que se terá uma ideia exata.

2) UMA ESCOLA MODERNA PODE SER TÃO BOA (OU TÃO RUIM) QUANTO UMA TRADICIONAL E VICE-VERSA

Portanto, o que vale é saber o que se quer da escola, avaliar com calma antes de matricular, escolher bem e sem pressa — e continuar acompanhando o trabalho _sempre_.

3) O QUE TODO PAI QUER É UMA ESCOLA DE QUALIDADE

Resta saber o que cada um considera "escola de qualidade".

Por exemplo, para muitas pessoas, trata-se de uma escola que prepara bem seus alunos para estarem aptos a passar no exame vestibular. Outras vão mais além: acham que são aquelas que preparam e aprovam no vestibular das universidades públicas.

Outro grupo de pais quer que a escola faça do seu filho uma pessoa capaz de competir e vencer na sociedade capitalista moderna — o que vai exigir, além de conteúdo acadêmico, domínio completo de pelo menos um idioma (inglês em geral) e capacidade de trabalhar em computadores e na Internet.

Já outras pessoas preferem que a escola faça um trabalho predominantemente crítico-social.

Em suma, cada cabeça uma sentença. O que cada um considera escola de qualidade está diretamente relacionado aos objetivos educacionais.

Por isso, escolha a escola de seu filho de acordo com sua visão de mundo. E vá em frente! Todos temos direito de pensar livremente a educação dos filhos. E, no Brasil, temos escolas que atendem a diferentes objetivos. O essencial é que seja uma escola que atenda ao que a família deseja.

Só não pode deixar de dar educação! É lei. Mas antes de tudo é um ato de amor, imprescindível. Ser analfabeto ou semialfabetizado hoje é um certificado absoluto de derrota nesse mundo de informação e saberes cada vez mais rapidamente substituíveis.

4) O QUE FAZ UMA ESCOLA SER DE QUALIDADE NOS NOSSOS DIAS

a) **Antes de mais nada**: todos os alunos, ao concluírem a 4ª série do Ensino Fundamental, têm que estar lendo muito bem, escrevendo idem e — além disso — entendendo o que leem, sabendo fazer as quatro operações aritméticas (adição, subtração, multiplicação e divisão) otimamente (sem usar máquina calculadora, lógico!). PELO MENOS. Têm que conhecer um pouco da história e da geografia do Brasil e ter algumas ideias básicas do que seja a natureza, o ciclo da vida.

Ao final da 8ª série, deverão ler criticamente, ter redação própria, interpretar e criticar dados da realidade, que lhes chegam pelos múltiplos meios de comunicação, de forma analítica e compreensiva. Devem conhecer dados sobre a realidade que os cerca, sobre o seu país e sobre o mundo, ter conhecimentos de ciências, história e geografia que lhes permitam estar a par dos principais problemas da sociedade e do mundo. PELO MENOS. O aluno que conclui o Ensino Fundamental sem essas habilidades não pode ter cursado uma escola de qualidade. Sem esses conhecimentos mínimos, o aluno que não puder prosseguir seus estudos (Ensino Médio ou Superior) estará praticamente fadado ao insucesso ou a permanecer nos estratos menos favorecidos economicamente da nossa sociedade.

b) As aulas não podem mais ser — em sua maioria — expositivas. Em nenhuma matéria. Chega de professor falando, falando o tempo todo. Em algumas aulas, pode até ser necessário. Mas não na *maioria* delas.

c) Na maior parte do tempo, os alunos têm que estar FAZENDO ALGUMA COISA QUE NÃO SEJA OUVIR, isto é, lendo, pesquisando em livros, discutindo, indo à biblioteca, trocando ideias com o seu grupo de trabalho, fazendo perguntas. Em resumo, MOTIVADOS E ATIVOS.

d) Os trabalhos propostos devem ser estimulantes e têm que ter alguma ligação direta com o que está ocorrendo no bairro, na cidade, no país ou no mundo, dependendo da idade e da série.

e) O aluno tem que ter assegurado seu DIREITO AO SABER — o que implica não ser "abandonado" ao apresentar alguma dificuldade, seja em que matéria for. Mecanismos de acompanhamento e recuperação devem fazer parte do dia a dia das escolas de qualidade. *Ter possibilidade de errar, de não entender e ter o direito de receber apoio para superar essas dificuldades são vitais numa escola de qualidade.*

f) Na escola de qualidade, os alunos ESTUDAM. Têm O DEVER de estudar. E isso tem que ficar bem claro para eles. Algumas escolas equivocadas instalam a pseudodemocracia ao permitir que qualquer reclamação, reivindicação, queixa ou insatisfação se transforme numa reunião, quase numa sindicância para averiguações. *Não pode reclamar de tudo, todo o tempo.* Para manter o direito de lutar por melhorias, ANTES o aluno tem que mostrar produtividade e dedicação. Assim, quando reivindicar alguma modificação em algum trabalho ou atividade, os professores poderão acreditar que há, de fato, alguma razão naquela solicitação e não aquela velha fórmula de usar o direito de expressão como mecanismo para não fazer nada — isto é, esperar ficar tudo perfeito para então, e só então, fazer a sua parte. Tem muita gente fazendo isso: só faço quando todos fizerem, só estudo se a escola for perfeita, só deixo de ser desonesto quando todos forem inteiramente honestos...

g) Assegurados os seus direitos (indispensáveis numa escola de qualidade) — de ter aulas boas, embasadas e motivadoras, de ter professores bem preparados, justos e interessados verdadeiramente na aprendizagem de todos os alunos —, todo aluno, em contrapartida, tem que respeitar e cumprir as regras e os limites definidos pela escola, assim como ter responsabilidade e cumprir os contratos de estudo. *Os pais, por seu turno, devem tomar conhecimento dessas disposições e ajudar a escola a cumpri-las.*

h) A escola de qualidade proporciona aos alunos atividades não restritas apenas às aprendizagens cognitivas, mas também e na mesma proporção, enseja momentos que propiciam formar pessoas dentro do enfoque de uma sociedade humanista, solidária e que trata todos os seus com igualdade, independente das diferenças individuais. Isso se consegue criando atividades que aproximam as pessoas, favorecendo o conhecimento interpessoal e a aceitação das diferenças.

i) Uma escola de qualidade desenvolve objetivos relacionados à formação de cidadãos solidários, éticos e dignos — encarando tais metas como tão importantes quanto às relacionadas ao conhecimento acadêmico.

j) Uma escola de qualidade é inclusiva — quer dizer, não desiste de nenhum de seus alunos. Todos têm oportunidades de aprender, mesmo os que apresentam dificuldades: sejam elas físicas, intelectuais, emocionais ou culturais. Quer dizer, não discrimina os menos dotados, procurando sempre descobrir o quanto cada um tem de possibilidade de crescimento e assegurando-lhe o crescimento possível.

k) E, finalmente, a escola de qualidade ensina seus alunos a serem críticos, conscientes, ligados nos problemas da sociedade e dos indivíduos, capacitando-os a discutir e propor soluções, engajando-os na luta por uma sociedade mais justa e digna.

VOCÊS DEVEM TER PERCEBIDO QUE UMA ESCOLA DE QUALIDADE MISTURA O QUE DE BOM A ESCOLA MODERNA TROUXE E O QUE DE POSITIVO HAVIA NA TRADICIONAL.

VII.
Como proceder ao visitar uma escola

Agora que você já decidiu que perfil de escola prefere, está na hora de conhecer a instituição de perto. Marque uma entrevista, libere-se de qualquer outro compromisso para ter tempo suficiente para uma análise calma — e, de preferência, vá com seu marido. Em geral, as escolas têm um esquema determinado para esses encontros. De modo geral, o diretor ou o orientador educacional irá recebê-los, mas pode ser também um coordenador ou outra pessoa designada para tal. O importante é que você sinta que essa pessoa realmente está apta a explicar o funcionamento da escola, as prioridades e, especialmente, a proposta pedagógica.

O ideal é você ouvir e perguntar tudo o que estiver querendo saber. Se uma entrevista não for suficiente, isto é, se outras dúvidas surgirem depois, marque outras.

O que perguntar na entrevista

1) Informe-se sobre o projeto pedagógico da escola (ou linha pedagógica, filosofia de ensino, filosofia da escola, projeto educacional);

2) se a informação for dada de forma incompreensível, não se acanhe, afinal você não é especialista em educação. Por isso, peça para a pessoa "traduzir" até que você entenda de verdade. É comum uma escola afirmar que é construtivista ou piagetiana e o pai e a mãe continuarem sem saber nada do que isso significa na prática;
3) não deixe de perguntar se os professores trabalham seguindo uma orientação metodológica geral ou se cada um dá sua aula do jeito que quer (se uma escola tem uma linha pedagógica claramente definida, os professores devem trabalhar segundo essa linha). Quer dizer, se a escola se diz "construtivista" mas os professores dão a maior parte das aulas usando como metodologia aula expositiva (conhecida como "cuspe e giz"), você já tem uma boa razão para desconfiar de que a linha pedagógica não é a que afirmam ser;
4) pergunte também sobre a maneira pela qual os alunos são avaliados, isto é, se a escola dá nota ou conceito; se for conceito, que tipo de conceito (existem sistemas como A, B, C / E, MB, B / MS, S, NS e outras mil siglas que podem não lhe dizer nada — então pergunte sem medo);
5) verifique se, além de provas, utilizam outras formas de avaliação, como trabalhos, aulas práticas etc. Caso a resposta seja positiva, procure saber o peso que cada uma dessas atividades tem no contexto geral. Uma Escola Moderna dá bastante peso ao desenvolvimento de competências (habilidades e atitudes), além do peso dado ao conteúdo. Já uma Escola

Tradicional basicamente avalia através de provas e testes, visando prioritariamente ao conteúdo, como vimos;
6) se a escola lhe informa que tem laboratório de ciências, de química, aulas de informática, laboratório de línguas, biblioteca, teatro, quatro quadras de esportes etc., procure saber com que frequência os alunos utilizam esses espaços (algumas escolas têm uma infraestrutura espetacular, mas pouco utilizada; os pais ficam maravilhados com tudo que veem, mas, na prática, o aluno pouco se beneficia desse aparato todo);
7) tente saber como a escola procede no caso de o aluno tirar uma nota ou conceito deficiente. A Escola Moderna procura evitar que seus alunos sejam reprovados (mas honestamente, e não aprovando quem não atingiu os objetivos mínimos daquela série, nível ou ciclo, seja lá como esteja a escola organizada). Para isso, têm esquemas de recuperação (aulas extras, monitoria e outros esquemas para recuperação paralela do aluno), enquanto as escolas mais tradicionais simplesmente comunicam o fato aos pais, esperando que eles tomem providências (do tipo contratar um professor-explicador, por exemplo);
8) informe-se também como são as regras referentes a cumprimento de horários, faltas em dia de prova etc. É bom saber o que a escola exige e o que permite;
9) indague sobre a forma pela qual a escola faz sanções aos alunos (o que acontece se o aluno desobedece às regras);

10) pergunte sobre a formação dos professores — é muito importante que o colégio só trabalhe com profissionais formados. Quer dizer, todos os professores têm que ter pelo menos:
   a. formação ao nível de Ensino Médio em escolas de formação de professores (antigo Ensino Normal) no caso dos que trabalham em Educação Infantil e 1ª a 4ª séries;
   b. Nível Superior nos demais casos — é claro que, quanto mais especializados os professores forem, melhor;
   c. até 2007 todos os professores, pela Lei de Diretrizes e Bases em vigor no Brasil, deverão estar formados em Nível Superior.

11) é bom saber também como é composta a equipe pedagógica (também chamada de técnico-pedagógica). As boas escolas contam sempre com, pelo menos, um Supervisor Escolar (também chamado de Coordenador ou Orientador Pedagógico) e com Orientadores Educacionais.
   a. O Supervisor tem a seu cargo a orientação metodológica do ensino e os Orientadores Educacionais, o atendimento aos alunos em termos afetivos e comportamentais.
   b. Muitas escolas contam também com o Psicólogo Escolar na sua equipe e, às vezes, com um Psicopedagogo (profissional que trabalha com alunos que apresentam problemas de aprendizagem).

c. Costumam ter também Coordenadores de Áreas de Estudo e Coordenadores de Disciplina. Os primeiros têm como tarefa organizar o processo de ensino, dentro de determinada área de conhecimento (Coordenador de Língua Portuguesa, de Ciências etc.) e os últimos são encarregados de resolver problemas do dia a dia, tal como quem substituirá um professor que faltou, o que fazer se um equipamento estragou na hora que ia ser utilizado etc. Quanto mais completa a equipe, melhor. Desde, é claro, que haja um trabalho integrado. Se não, de nada vale ter tanta gente.

d. Atualmente, muitas escolas contam com um Diretor Pedagógico, que tem um trabalho importante, e é muito presente; ele interliga e organiza as atividades de ensino, assumindo muitas vezes a função do Supervisor Escolar. Nesses casos, costumam ter também um Diretor Administrativo, que fica encarregado das tarefas burocráticas.

12) é bom saber a quem se dirigir em caso de dúvidas, problemas ou questões que têm de ser comunicadas à escola. Preste bem atenção para ver se há, de fato, um esquema organizado e aberto para receber os pais aflitos... Se a escola burocratiza demais o acesso significa que a interação com a família não é estimulada;

13) pergunte como é feita a comunicação entre os pais e a escola no que se refere a questões do dia a dia (usam agenda, bilhetes, circulares, caderneta escolar?);

14) informe-se também sobre a periodicidade com que a escola convoca os pais para reuniões e se há um calendário anual, previamente estabelecido. Assim, você poderá se programar para estar presente a elas; sua presença nessas reuniões é importante, embora muitos não compareçam com regularidade e achem "chato"; mas é através delas que você poderá compreender melhor o trabalho que está sendo desenvolvido e se o progresso do seu filho está de acordo com o andamento da turma como um todo;
15) se a opção foi por uma escola de horário integral, verifique se há previsão de horário para estudos dirigidos ou orientados. É importante que a criança que fica na escola de manhã e à tarde tenha tempo para fazer *na escola* as tarefas escolares, porque assim, quando voltar à noitinha para casa, poderá ficar livre para gozar a companhia dos pais, irmãos e amiguinhos;
16) pergunte se os profissionais que atuam nas atividades extracurriculares (também chamadas de não formais) têm formação específica adequada; não é nada adequado que o professor de capoeira seja apenas um jovem que aprendeu e é bom nessa modalidade esportiva (ele deve ter também formação pedagógica);
17) as escolas que fornecem refeições devem ter também um nutricionista para elaborar o cardápio, de forma que a criança fique bem alimentada, de forma saudável e balanceada e,
18) finalmente...

Pergunte tudo o mais que quiser saber...

Ficou satisfeita?

Após essa entrevista — ufa!!! —, se você já está conquistada e disposta a matricular seu filho, então chegou a hora de conhecer as instalações, o prédio escolar e observar com detalhes o local onde seu filho passará seus dias.

O que observar ao percorrer o prédio

A parte física

De preferência, não marque antecipadamente a visita: procure chegar no horário em que sabe que os pais são recebidos e peça para conhecer as instalações. Se imediatamente a direção chamar alguém para acompanhá-la e liberar todos os espaços para você conhecer — bom sinal! Quer dizer que não vão preparar nada "para você gostar". O que você verá, pode ter certeza, é o mesmo que seu filho receberá.

Sempre recordo de episódios nas escolas em que trabalhei em que nos pediam para "arrumar tudo bem bonito" porque íamos ter visita. Às vezes era um administrador regional ou um secretário de Educação, um deputado que aparecia, por um ou outro motivo. Eu sempre dizia: "gente, agora é que seria bom mostrar os equipamentos que não temos verba para consertar, os banheiros precisando de pintura etc.", mas raramente me escutavam.

Quando a visita chegava, ficava com a nítida impressão de que a nossa era uma escola perfeita, linda, sem problemas, que de nada necessitava... Ah, a vaidade! Até os murais eram renovados! A escola ficava um doce, mas, como se diz, era para inglês ver. E eu trabalhava no ensino público, cuja carência é conhecida. Seria, portanto, mais um motivo para mostrar a realidade. E nem sempre era o que ocorria.

Portanto, cuidado! Se, ao visitar uma escola, você tiver que ficar esperando muito tempo até que a introduzam, ou se marcarem para dias depois, fique atento. Pode ser que estejam enfeitando tudo para recebê-la. As boas escolas, obviamente, não fazem isso — nada têm a esconder. Pelo contrário, ficam encantadas de mostrar tudo tim-tim por tim-tim... O que já é um ótimo sinal.

Percorra as salas de aula, a área livre, o refeitório, a biblioteca, a quadra de esportes, os laboratórios, os banheiros etc. Faça um *tour* completo.

Algumas escolas mostram aos pais apenas os locais que a criança utilizará. Não é nenhum "plano maquiavélico". Em geral, é falta de tempo mesmo, excesso de atribuições. Mas não se faça de rogada, peça para ver tudo. E aí, observe:

- o tamanho das salas de aula e o número de alunos em cada uma delas;
- o mobiliário (verifique se são adequados para crianças ou jovens, conforme o caso);
- se as paredes, o chão e, especialmente, os banheiros e a cozinha estão limpos;

- a existência de áreas livres com espaço suficiente para crianças correrem sem perigo;
- se o chão é revestido com material que impeça tombos e diminua impactos, de fácil limpeza e conservação;
- se os ambientes são arejados, com janelas amplas e boa iluminação, de preferência natural;
- se há armários e locais para as crianças guardarem material, casacos, mochilas etc.;
- se não há paredes infiltradas, com mofo;
- a existência de cadeiras e mesas quebradas ou outros equipamentos empilhados pelos cantos;
- nos laboratórios, verifique se são bem equipados e se estão sendo utilizados: se estiverem vazios na hora, procure sinais de que crianças estiveram por ali recentemente;
- a existência de bebedouros espalhados por vários locais do prédio;
- as instalações dos banheiros, e assim por diante;
- escadas, interruptores, fios e tomadas devem estar em bom estado e protegidos de mãozinhas curiosas.

A visita e a observação da parte física da escola são importantes porque assim podemos saber muito sobre a administração do colégio: uma escola limpa, com móveis adequados, leves, anatômicos, já nos dá uma boa ideia de até que ponto o administrador escolar se faz presente; salas ou áreas livres com restos de materiais, móveis quebrados e empilhados, cozinhas com cheiro de gordura, banheiros sem papel, com chão enlameado, denunciam pouca supervisão administrativa. Também o oposto (bibliotecas completamente arrumadas, cantos de leitura sem nem um livrinho fora do lugar, laboratórios impecáveis) pode indicar que excelentes instalações ficam apenas como cartão de visita, sem uso pedagógico diário. Bibliotecas e laboratórios sem nada fora do lugar, com microscópios envoltos em capas, com aquela carinha de "completamente novo", podem indicar que raramente são utilizados.

Se a escola tem muitas escadas, verifique o grau de conservação, se há passadeiras antiderrapantes, grades, corrimão etc. O mesmo em relação a janelas e varandas. Verifique se uma criança pequena e desacompanhada consegue entrar nesses ambientes e ainda assim estar segura: nunca se sabe quando é que uma delas resolve "dar uma voltinha" sozinha pela escola ao sair do banheiro ou ao voltar do recreio...

A segurança interna é tão importante quanto a externa.

Todos esses elementos são pistas, nunca certezas. Agora, juntando tudo, montes de pistas, aí sim você pode começar a formar ideias concretas. Portanto, observe bem, mas não se precipite em julgar.

Aspectos educacionais

A parte física, como dissemos, é muito importante. Afinal, seu filho vai ficar na escola muitas horas de sua vidinha. No entanto, a visita pode também nos fornecer dados ainda mais significativos sobre a escola. Então, aproveite para analisar as crianças, professores, serventes, merendeira, coordenadores, seja nas salas de aula, seja nas áreas livres, laboratórios, por onde você passar.

Observar como se portam as crianças e os professores espontaneamente (quer dizer, sem saber que estão sendo observados) é o melhor termômetro para você ter uma ideia de como o trabalho de fato se desenvolve do ponto de vista pedagógico, que é sem dúvida o essencial.

Observe as crianças:

- Estão tranquilas?
- A maior parte delas está participando da atividade?
- Dá para perceber se estão interessadas e descontraídas, animadas?
- Conversam e trocam ideias, de forma espontânea, sobre o trabalho que estão desenvolvendo?

Como agia o professor?

- Com gentileza?
- Atento?
- Dando orientação e respondendo às questões formuladas?
- Passava energia, parecia estar feliz no trabalho?
- Procurava fazer participar os que estavam alheios à atividade?
- Viu crianças chorando? Nesse caso, havia alguém ao seu lado, tentando conversar, consolar, entender?

Com certeza você lembrará de observar outros itens, além dos que sugeri.

Aspectos educacionais indiretos

Durante a visita, você pode encontrar também indicadores eficientes de como se desenvolve o trabalho do dia a dia do ponto de vista pedagógico.

Para tanto, tente observar:

- Os murais das salas de aula
  — Estão preenchidos com trabalhos dos alunos?
  — Ou somente com avisos burocráticos?
- Nos corredores
  — Existem murais, quadros de avisos, exposição de trabalhos, convites para atividades educativas?
- Você percebeu crianças trocando ideias sobre trabalhos ou ocorrências da escola? (Quer dizer, crianças participativas?)
- No pátio, notou a presença de inspetores ou outros profissionais para supervisionar e proteger as crianças?
- Se você esteve na sala dos professores, percebeu um clima amistoso, de troca de ideias?
- A pessoa que conduzia a visita respondia com presteza e boa vontade às suas questões?
- Caso não tenha podido responder algumas das suas indagações, indicou quem saberia responder-lhe?

Se você responder "sim" a todas ou a quase todas as questões relacionadas à parte pedagógica, e se encontrou, na parte física, um ambiente geral agradável, limpo, organizado e acolhedor, provavelmente está no lugar certo!

É claro que os itens que mencionamos acima não esgotam o que você pode ver e analisar. Mas são aspectos importantes, que você poderá complementar de acordo com sua sensibilidade.

VIII.
O que você precisa saber sobre metodologia

Os pais, com frequência, sentem-se curiosos e, ao mesmo tempo, alheios ao que se passa na sala de aula dos filhos. Já ouvi algumas mães dizendo que gostariam de "ser uma mosquinha para poder estar lá dentro, sem ser vista". Também não são poucas as pessoas que ignoram o que seja ensinar "de maneira moderna", muito embora estejam certas de que desejam esse tipo de ensino para os filhos.

Não é engraçado? Queremos e lutamos por algo que nem sabemos o que é ou se é realmente bom para nossas crianças.

Por outro lado, muitos pais sabem que a escola em que estudaram era desinteressante e aborrecida, quando não assustadora, e querem algo completamente diferente para os filhos. Por isso:

- querem uma escola que faça com que as crianças se sintam motivadas pelo estudo;
- querem, a todo custo, evitar que fracassem ou desistam de aprender;
- desejam que acordem felizes como passarinhos e arrumem-se rapidamente para chegarem na hora da entrada sem atrasos;

- anseiam por vê-los comentando uma aula tão interessante que os fez ficar tristes quando terminou;
- torcem para que voltem radiantes com o que aprenderam;
- imaginam a maravilha que seria se não ficassem tão ansiosos às vésperas de provas ou testes;
- sonham que, logo depois de descansar um pouquinho, na volta da escola, os filhos fazem espontaneamente as tarefas de casa...

"É bom parar por aí, isso é definitivamente um sonho!", vocês já devem estar dizendo.

Em parte é um sonho mesmo. Mas somente em parte, porque boa parcela da motivação dos estudantes está diretamente relacionada à forma pela qual as aulas são ministradas. Muitos dos itens acima já são realidade para alunos que têm professores que utilizam as metodologias das Escolas Modernas (surgidas no decorrer do século XX). Não é nenhuma fantasia, nem precisa ser criada, já existe mesmo...

Por outro lado, é bom que não se tenha ilusões:

- você certamente não vai encontrar seu filho saltitante de felicidade todos os dias porque vai ao colégio, mas também poderá não ter que lutar dia após dia para convencê-lo a ir;
- poderá ouvir uma ou outra reclamação, sobre algum professor menos hábil ou justo, mas dificilmente escutará a mesma ladainha todo santo dia:

"Odeio escola! Tenho mesmo que ir? Mãezinha, pelo amor de Deus, só hoje, deixa eu não ir, por favor, só hoje!!! Eu nunca falto, por favor!!!

- não verá também seu filho todo alegre porque tem prova no dia seguinte, mas não o verá apavorado sem saber <u>por onde</u> ou <u>o que</u> estudar para se sair bem;
- ele poderá tirar uma ou outra nota mais baixa, mas você não o ouvirá dizendo que *"só caiu coisa que o professor não deu"* ou que a prova estava *"impossível"*!

O que faz uma grande, uma enorme diferença na qualidade dos nossos dias. Cá para nós, é quase impossível não detestar uma tarefa que se repete incessantemente e sem chances de luz no fim do túnel... É horrível também, ao final do dia, contar isso — só para encontrar um ombro amigo, sabe, um desabafo? — para o maridinho e ainda ouvir: "Lá vem você de novo com suas queixas!" É horrível imaginar que amanhã, depois de amanhã, semana que vem, ano que vem, daqui a três anos você estará repetindo a mesma coisa:

"Meu filho, vamos, levanta! Você vai se atrasar! É para o seu próprio bem! Não, não pode faltar à escola, não, ainda mais sem motivo!" Ô tarefa ingrata! Como é invejável olhar outras mães que se gabam — boca cheia de orgulho — do filhão estudioso, que não precisa de estímulo, empurrãozinho, diálogo (nem bronca) para fazer sua obrigação! Que será que elas fizeram para merecer tal sorte?

A diferença, em boa parte, depende de duas coisas:

- a primeira depende de nós, pais — é a formação de hábitos de estudo, como já vimos;
- a segunda tem relação direta com a maneira pela qual o professor ministra suas aulas.

Como já dissemos, para o nosso objetivo, no entanto, consideramos uma divisão mais simples — apenas entre escolas conservadoras e modernas, porque dificilmente os pais querem chegar a minúcias pedagógicas. Na verdade, o que desejam de fato é saber se os filhos terão uma educação adequada às necessidades da vida e da sociedade, que lhes permita ter sucesso profissional no futuro, competir em pé de igualdade com os demais jovens e, especialmente, realizarem-se como pessoas.

Muitos pais desejam também que a escola prepare seus filhos para serem aprovados no concurso vestibular, o que, embora seja criticado por muitos, a meu ver, é um objetivo bastante válido, na medida em que os melhores empregos e as melhores oportunidades na nossa sociedade, sem dúvida alguma, demandam formação de nível superior. Portanto, não há erro nem merece crítica alguma desejar que a escola de seu filho lhe dê condições de disputar uma vaga, dentre as poucas que existem, nas melhores universidades do país.

Esses objetivos poderão ser atingidos tanto pelas Escolas Modernas quanto pelas Tradicionais. É uma questão de decisão e postura pessoal. Daí por que é tão importante, volto a frisar, saber decidir qual a escola que se quer. E, especialmente, saber o que é importante observar.

Você poderá encontrar Escolas Tradicionais utilizando metodologia bem semelhante à preconizada pelas linhas modernas de educação, assim como poderá ter a triste desilusão de verificar que o colégio que escolheu — e que se autodenominava moderno — em nada se diferencia das instituições mais tradicionais.

Também referimos antes à existência de escolas que "dizem" trabalhar dentro de determinada linha pedagógica, mas, na verdade, cada professor trabalha do jeito que gosta e quer, sem uma interferência pedagógica direta da coordenação e/ou direção. Isso não significa, obrigatoriamente, que a escola é ruim, mas talvez seja importante saber o que observar para poder ter algum parâmetro entre o que você escolheu e o que de fato ocorre nas aulas a que seu filho assiste.

O que você deve observar para poder ter certeza de que a metodologia utilizada pelo professor é aquela que pode levar seu filho a *A-DO-RAR* a escola:

- A maneira de dar aula varia, quer dizer, os professores às vezes fazem uso da exposição oral, outras vezes utilizam debates, discussões em grupo, trazem um filme ou um fato ocorrido na sociedade para tornar as aulas dinâmicas; a tônica da metodologia atual é relacionar o que ocorre na sociedade com as aulas; a escola não trabalha os temas acadêmicos como se fossem distanciados da realidade. Isso faz com que cresça de forma imediata o interesse: Contextualizar os conteúdos (maneira bonita de dizer em "pedagogês") é uma forma real de motivar os alunos. O bom professor — seja numa Escola Tradicional ou Moderna — faz isso quase automaticamente; mas, sem dúvida, essa característica é bem mais frequente nas Escolas Modernas; no entanto, a contextualização pode ser feita tanto usando a exposição oral quanto outras técnicas de ensino; depende da capacidade do professor.

- Mesmo quando usam a exposição oral, os alunos podem levantar questões e tirar dúvidas; acabou aquela situação (ou deveria ter acabado) em que o aluno morria de medo de fazer uma pergunta, porque tudo ou quase tudo era visto e interpretado como falta de respeito. Mas é bom deixar claro que existe muita confusão: uma coisa é poder participar da aula com interesse genuíno, outra é fazer propositalmente uso da palavra para "bancar o engraçadinho" ou para testar o professor; distinguir entre essas duas atitudes é muito importante para compreendermos e não sermos injustos quando um professor, em dado momento, "corta o microfone" da turma, por perceber que está havendo deliberada intenção de impedir o prosseguimento da aula ou de uma explicação importante. Aí, o que deve valer é a autoridade do professor e nós, pais, só podemos apoiar e desejar que eles, de fato, o façam. Senão o prejuízo é dos nossos filhos e de mais ninguém.

Muitas vezes a criança chega em casa contando cobras e lagartos sobre determinado professor: que não deixa ninguém falar, que é isso e aquilo mais. Atenção: a percepção da criança é direcionada pelo seu próprio interesse — que muitas vezes não é ter uma aula calma e disciplinada. Às vezes (muitas) tem aquele colega tão engraçado que é de fato pândego, os coleguinhas adoram, mas que, infelizmente, pode ser um entrave ao progresso de um novo saber, que demanda concentração, atenção e silêncio. Então, o que nosso filhote conta nem sempre é exatamente o que ocorreu do ponto de vista pedagógico.

- A metodologia que atrai e agrada os alunos inclui trabalhos de grupo — mas é bom lembrar que, se o tema não tem real interesse para eles, raramente será produtivo. Entre um trabalho de grupo em que apenas um aluno, em geral o mais destacado do grupo, faz a "parte do leão", e os outros ficam um com a capa, outro com a "decoração", mais outro com a bibliografia, ou em que a mamãe ou o papai de algum dos participantes é que acaba fazendo o estudo por todos — vale mais uma excelente aula expositiva. É importante saber que UMA AULA EXPOSITIVA PODE SER MELHOR DO QUE MUITAS DE TRABALHO DE GRUPO MAL ORIENTADO. Tudo vai depender da habilidade do professor em termos de comunicação e domínio do conteúdo. Muitas Escolas Modernas incorrem nesse engano — certas de que a pesquisa e o trabalho de grupo são ferramentas importantes para o aprendizado, entopem os coitadinhos com tantos que, além de os sobrecarregarem, raramente surtem outro efeito. Ao fim de alguns anos, os estudantes tremem só de ouvir falar em "pesquisa" e "trabalho de grupo"; daí é que surgem os "esquemas" altamente criativos que eles inventam para livrarem-se de tanto aborrecimento...

- O ideal é que a maioria dos trabalhos de pesquisa e de grupo sejam feitos na escola, sob a supervisão do professor. Assim o crescimento é maior e todos são instados a participar.
- Se os trabalhos forem objetivos e relacionados com os estudos que estão em andamento, poderão ser de extrema valia; caso contrário, para pouco ou quase nada servirão.
- Trabalho socializado (outro nome do trabalho de grupo) só é válido se for uma discussão, uma leitura, uma entrevista etc. no qual todos têm participação real e de igual teor. É mais do que conhecida a versão do trabalho de grupo em que o professor dá o tema e os tópicos principais a serem abordados e os alunos de imediato o fracionam — como se estivessem trinchando um frango assado —, e cada um fica com uma parte. Um fica com a porção nobre, o peito ou a coxa — o conteúdo propriamente dito —, os outros ficam com o pescoço ou a asa — escrever no computador e imprimir, fazer as ilustrações ou a capa e assim por diante.

Assim, o objetivo que se pretende ao apresentar um trabalho de grupo, que é dar oportunidade de os alunos discutirem suas ideias, apresentarem visões e opiniões pessoais sobre um tema estudado, acaba se transformando numa soma de partes que em nada contribui para o crescimento de habilidades sociais tais como: ouvir e respeitar a opinião do outro, saber argumentar, respeitar e meditar sobre o pensamento divergente etc., que constituem o objeto desse tipo de método.

- A metodologia moderna também recomenda que as aulas incluam pesquisas. Infelizmente, elas acabaram transformadas em cópias de "pedaços" de livros, apostilas, enciclopédias. Mais modernamente, com o advento da Internet nas famílias mais favorecidas economicamente, virou moda fazer *download* (baixar arquivos via web), recortar, colar e... entregar ao professor, felizes da vida (muitas vezes sem ao menos ter dado uma lida que seja na montagem final, o que talvez já servisse para alguma coisa).
- Só tem valor a pesquisa feita pelo aluno. Os pais podem e devem ajudar, mas nunca fazendo o trabalho pelo filho. O que se pode fazer é localizar fontes, emprestar livros, revistas, jornais onde sabemos que existe o tema procurado. De preferência, entregue o material e vá fazer outra coisa! Não precisa abrir na folha certa, "mostrar onde está" na enciclopédia ou recortar as figuras para ele, "só para ajudar, tadinho"...
- Se o professor utiliza uma sessão de cinema ou uma projeção de filme, os alunos adoram! Mas ATENÇÃO — isso só tem valor educativo se for seguido de uma discussão a respeito daquilo a que se assistiu.

- O professor que de fato tem intenção de usar metodologia moderna — mas com resultado — não utiliza a aula para projetar um filme e ficar sem fazer nada (infelizmente há alguns que lançam mão desse recurso para descansar da jornada diária de aulas excessivas)... Ao final da projeção, não se fala mais do assunto! Numa boa aula com projeção de filmes, *slides* ou transparências, os objetivos pretendidos são explicitados para os alunos antes da projeção, de forma a permitir que se preparem antecipadamente para focar a atenção em determinados aspectos que interessam ao conteúdo que está sendo trabalhado.
- Ou, também muito válido, em outras oportunidades, é escolher o filme ou a peça teatral por ter um conteúdo ético que se deseja discutir, por exemplo. Nesse caso, pode não ser colocado um roteiro *a priori*, deixando-se que, após a sessão, as colocações, discussões e pensamentos dos alunos sejam feitos livremente; sempre porém com a orientação e a supervisão do professor.
- Importa para nós, pais, observar se as atividades que nossos filhos desenvolvem na escola conduzem a um resultado educacional. De nada adianta ter uma montanha de coisas "divertidas" para fazer se elas não tiverem algum objetivo educacional. E isso o professor consegue planejando suas aulas com antecedência e acompanhando as atividades propostas desde o seu início (planejamento) até a etapa final (avaliação do que foi realizado); o aluno não pode ser "abandonado" com um trabalho para fazer, um filme para assistir, uma ida ao laboratório ou a um

museu, sem a menor explicação do que se pretende ou ao menos um roteiro mínimo do que necessitam observar ou pesquisar.

- Além de trabalhos em grupo, também o trabalho individual pode fazer parte de uma moderna metodologia. Por vezes, um aluno tem tão alto índice de aproveitamento que tal estratégia se presta a mantê-lo ocupado e aprofundando seus conhecimentos, enquanto os demais caminham no seu ritmo. Em outras situações, dá-se o inverso — é necessário dar mais atividades para um aluno que apresenta maiores dificuldades do que os demais no atendimento a determinado item do programa, de forma a que ele não fique para trás.
- Se a escola tem laboratórios de ciências, de informática, teatro, biblioteca — enfim, espaços ricos para o desenvolvimento intelectual, social e afetivo dos nossos filhos —, fique atento à utilização dos mesmos. Como já referimos, às vezes, em escolas muito bem equipadas, tais espaços são "visitados" raramente, quando devem fazer parte das atividades do dia a dia de nossos filhos, dentro de uma metodologia que pretende encantar seus alunos...
- Um bom professor, seja de Escola Tradicional ou Moderna, não abre mão de recuperar o aluno que apresenta alguma dificuldade. Isso é feito através de uma série de estratégias, entre as quais:

1ª) Mudar a forma pela qual aquele conteúdo foi explicado, para dar mais chances de o aluno compreendê-lo. De modo geral, se um aluno teve dificuldades num tema, repeti-lo uma série de vezes da mesma forma pode não resultar em um melhor aproveitamento. Por isso o mais adequado é mudar a forma de explicar, isto é, o método anteriormente utilizado.

2ª) Outra forma é indicar um colega da turma para explicar o assunto — monitoria; em geral, os jovens e as crianças têm uma linguagem própria que facilita a compreensão mútua.

3ª) Passar mais exercícios de fixação pode ser outra boa alternativa. Determinados conteúdos dependem de treino específico para que o aluno fixe melhor e possa progredir a seguir.

4ª) Aconselhar os pais a contratar um professor-explicador pode ser uma opção, mas só deve ser utilizada após os demais recursos terem sido tentados.

- O professor, por fim, que encanta os alunos reúne em si uma série de qualidades; talvez as mais importantes sejam: dominar o conteúdo, ter entusiasmo pelo que faz e habilidade de comunicação. Todos lembramos de alguns mestres. Podiam, muitos deles, usar apenas as palavras, mas como as sabiam utilizar... Eram palavras que passavam algo mais — uma emoção, uma crença e um encantamento pelo que diziam, que nos contagiava...
- Em síntese, o método é importante, mas antes de tudo, o professor tem que amar o que faz, e, nesse caso, seja qual for a escola, Moderna ou Tradicional, ou o método,

antigo ou moderno, os resultados serão sempre muito bons — porque o bom professor não abandona *nenhum* aluno no meio do caminho, luta por ele, como pela própria honra. É para ele um desafio constante levar adiante o projeto de incluir todos os alunos no desafiador, porém maravilhoso caminho, rumo ao saber!

IX.
O que importa saber sobre avaliação

Toda mãe e todo pai têm, bem lá no fundo, um medo secreto de que os filhos repitam o ano. Mesmo os que já passaram ou estão passando por isso e usam aquelas famosas frases:

ou

"Se reprovação existe, é para aluno, não é para planta"

"Às vezes, repetir pode ser muito bom; para o meu filho foi um santo remédio"...

...No fundo, no fundo, adorariam que isso não tivesse ocorrido.

De fato, repetir um ano não é uma boa notícia para ninguém, mas pode ser benéfico em certos casos. Benéfico no sentido de ser uma necessidade gerada por deficiências que a criança só irá superar tendo a chance de rever, com tempo e calma suficientes, os conteúdos e as habilidades que não conseguiu adquirir satisfatoriamente. Sem esse tempo a mais, a criança poderá ter problemas o resto de sua vida escolar. Quer dizer, mesmo sendo desagradável repetir um ano, ela terá chances de sanar os problemas de aprendizagem que não pôde superar anteriormente. Então, a reprovação é uma forma de evitar que problemas mais sérios venham a acorrer posteriormente. Sintetizando, se um aluno apresenta algumas dificuldades na 2ª série e, durante o ano, por mais assistência que tenha tido por parte dos professores e dos pais, essas dificuldades não foram superadas, então a melhor alternativa é realmente repetir aquela série. Assim, a partir da terceira, ele estará com os problemas anteriores superados. Caso contrário, poderá ser aprovada e, durante o resto de todos os outros anos, ir se arrastando com sérios problemas, que poderão redundar em fracasso escolar completo ou até no abandono dos estudos.

A reprovação realmente frustra o aluno, mas, se os pais souberem como agir com naturalidade e segurança, não provocará danos maiores nem barreiras intransponíveis.

De qualquer maneira, o ideal, o sonho de todos, incluindo os próprios alunos, é progredir e a aprovação é um atestado de progresso, não resta dúvida. Por isso, ninguém "gosta" de ser reprovado. E toda orientação moderna concorre para diminuir o número de alunos que repetem anualmente.

No passado recente, bom professor era aquele acerca de quem se dizia: *"Passar com ele é difícil, quase impossível."* Os próprios professores faziam fama quando falavam e agiam do seguinte modo: *"Perfeito só Deus, portanto meu melhor aluno tira no máximo 9,5."* Qual de nós não recorda — sem deixar de sentir um leve calafrio — daqueles professores com os quais não se podia falar, perguntar, tirar dúvidas e cujas atitudes eram incongruentes e imprevisíveis? O que resultava, sem falhar, num grande número de alunos reprovados a cada ano. E quem de nós não lembra, também com desagrado, dos que eram herméticos e incompreensíveis?

Era a época em que terror era considerado método educativo válido. Ter medo do professor fazia parte do *show*. Aterrorizar alunos era forma aceita de fazê-los estudar, por medo da reprovação. Também era comum usar a prova como instrumento de pressão para se obter disciplina e atenção em sala de aula. Ou, pelo menos, de obter silêncio, já que atenção e motivação não se podem garantir dessa forma...

Felizmente, hoje, a avaliação é vista de outra forma. O aluno ainda pode e é reprovado, mas só depois de a equipe (técnica e docente) lutar muito por ele. Isso significa dar apoio e ter estratégias que são acionadas assim que o aluno apresenta algum grau de dificuldade. Nunca se deixa um problema de aprendizagem avolumar-se, pois talvez então seja difícil de ser transposto. Por isso os mecanismos de recuperação têm destaque modernamente.

É importante alertar para um comportamento que está se tornando usual entre os pais, por causa do medo de que toda reprovação possa causar danos irreparáveis no emocional da criança ou do jovem. Se seu filho teve toda a assistência da escola, da família, se você até contratou um professor-explicador para tentar fazê-lo superar dificuldades e, mesmo assim, não adiantou, então talvez o melhor para ele seja realmente ficar mais um ano na mesma série, para superar as dificuldades e poder seguir adiante. Se forçar a aprovação — e às vezes se consegue — e ele estiver mesmo com dificuldades, você verá a cada ano o problema se repetir. Por quê? Porque ele não pôde superar suas deficiências. Ao passo que, dando todo apoio (dar apoio não é fechar os olhos para a realidade, nem passar a mão na cabeça dos filhos em quaisquer circunstâncias!) e mostrando que não é nenhum bicho de sete cabeças, a reprovação pode redundar num benefício: ajudando a superar as lacunas da aprendizagem. A reprovação só é perniciosa se for injusta, imerecida ou se a criança não tiver tido todas as chances necessárias à recuperação durante o ano letivo.

Muitos pais, ao saberem da reprovação do filho, simplesmente o trocam de escola, "para que ele não fique envergonhado". E, em geral, para uma escola "mais fácil". Será que essa é a melhor forma de preparar uma pessoa para as dificuldades da vida? Não será uma superproteção que apenas redundará na eternização do problema? Pense bem antes de agir, reflita antes de considerar que seu filho é um grande injustiçado. Reveja com calma: ele estudou muito mesmo? Esforçou-se o suficiente para superar as barreiras? Ou já estava contando com esse apoio irrestrito, e por isso mesmo dedicou mais tempo ao *playground* do que aos estudos? Nesse caso, não se preocupe demais. Nossos filhos têm também suas defesas e sua capacidade de tolerar frustrações. Só o mude de escola se estiver de fato convencida — não pela reprovação, mas pela observação de todo um processo de trabalho educacional — de que a escola que você escolheu não faz o que disse que faria, ou mudou sua forma de educar e não corresponde mais ao que você desejava ou caso tenham sido cometidos equívocos graves contra seu filho, os quais você testemunhou pessoalmente ou tem provas concretas e não conseguiu reverter dialogando com a equipe técnico-pedagógica.

Como é a avaliação na Escola Tradicional

1) O objetivo é verificar *quanto* o aluno aprendeu. O foco, portanto, é o aluno; o que se deseja saber é quanto, do que foi ensinado, ele aprendeu.
2) Utilizam-se para isso provas e testes.
3) As provas e testes podem ter pesos diferentes ou não.
4) A avaliação é feita tomando por base um percentual de aprendizagem, previamente estabelecido (por exemplo, 6 em 10 ou 60 em 100), que deve ser alcançado para que o aluno seja aprovado.
5) As provas em geral têm dia certo para serem aplicadas; os testes podem acontecer sem aviso prévio, "de surpresa".
6) O trabalho nas turmas é homogêneo, partindo-se do princípio da igualdade, segundo o qual todos são iguais e têm a mesma capacidade de aprender. Dessa forma, as aulas são ministradas para todos os alunos em conjunto, assim como as provas e testes.
7) De modo geral, alunos que não têm bom rendimento são desestimulados a permanecer no estabelecimento caso persistam nessa condição.
8) A Escola Tradicional não tem, em geral, esquemas montados para recuperar o aluno. Os pais recebem

comunicação do fato e espera-se que tomem providências a respeito (como contratar um explicador, por exemplo).

9) Prioriza-se, na avaliação, o conteúdo e não as habilidades ou competências (maneira pela qual o aluno manipula os conhecimentos adquiridos).

10) Em geral, a avaliação tradicional utiliza notas (em gradações de 1 a 10 ou 1 a 100), as quais servem de base para promover ou reprovar o aluno.

Observação importante

Como já ressaltamos, é bastante raro encontrar Escolas Tradicionais "puras" nos dias de hoje. Mesmo as mais conservadoras vêm sofrendo algumas modificações na sua forma de ensinar e avaliar os alunos. Por isso, mesmo na Escola Tradicional é comum encontrar alguns desses dez itens atenuados.

Muitas Escolas Tradicionais já adotam, por exemplo, esquemas de recuperação para auxiliar alunos com problemas na aprendizagem. Da mesma forma, trabalhos de grupo e de pesquisa podem também fazer parte da avaliação, além de provas e testes.

Como é a avaliação na Escola Moderna

1) O objetivo é avaliar o quanto o aluno aprendeu, mas também a forma pela qual o professor trabalhou.

Quer dizer, o foco é o aluno e o professor. Reconhece-se, portanto, que um estudante também pode não ter aprendido porque o trabalho do professor, a metodologia, a comunicação ou outro elemento do processo ensino-aprendizagem não foi adequado. Isso tem como consequência a revisão da forma de ensinar — especialmente quando um percentual significativo de alunos apresenta um resultado insatisfatório em determinado item do programa educacional.

2) São utilizados provas, testes, trabalhos em grupo e individuais, além da observação direta de cada aluno (fichas de acompanhamento) para compor o conceito do aluno.

3) Na avaliação das Escolas Modernas, são levadas em consideração, além da quantidade de matéria aprendida, as competências adquiridas pelos alunos (hábitos, atitudes e habilidades), tais como a capacidade de refletir, de resolver problemas e de discutir situações e fatos sociais.

4) A avaliação é feita tomando por base um percentual a ser alcançado dos objetivos propostos. Esses objetivos consideram vários aspectos da aprendizagem, além do conteúdo (matéria dada) propriamente dito. Estabelece-se, *a priori*, o valor percentual em que hábitos, atitudes e habilidades vão pesar no contexto geral da avaliação, além do peso que o conteúdo terá.

Por exemplo, em uma escola poderá ser atribuído peso semelhante às provas, testes, trabalhos e à observação das habilidades do aluno. Em outras, poderemos encontrar um peso maior para alguns desses itens. O importante é que essa decisão pedagógica sobre a avaliação seja definida antes do início das aulas e que os alunos, assim como seus responsáveis, sejam cientificados disso. E que esse critério seja seguido por toda a equipe docente.

5) Em geral, o sistema de avaliação é comunicado com clareza e objetividade aos alunos, para evitar que a prova, os testes e trabalhos se transformem em elementos estressantes ou formas de pressão sobre os alunos. Essas atividades são encaradas como quaisquer outras do trabalho educacional, por isso os alunos tendem também a encará-las com naturalidade e sem medo. Isso não significa, porém, que um aluno que nada estudou ou pouco trabalhou será aprovado.

Se seu filho não estudou nada ou estudou muito pouco, não ficará calmo, porque está inseguro e sabe que não vai se sair bem. Jogar a culpa na prova é, portanto, muitas vezes uma "saída", uma "desculpa de mau pagador", como se diz na gíria. Se todos os alunos de uma turma, porém, estão estressados para uma prova, é sinal ou de que a matéria não foi bem dada, bem fixada, ou de que o professor usa a prova como instrumento disciplinador e, portanto, está realmente usando a prova de forma inadequada; mas, se apenas os alunos que pouco estudam estão reclamando ou nervosos, provavelmente isso é sinal de que... estudaram pouco mesmo!

6) O trabalho nas Escolas Modernas tem como objetivo dar a todos os alunos oportunidades iguais, mas levando em consideração que os seres humanos são diferenciados e, portanto, alguns aprendem mais rápido e outros com mais lentidão, necessitando, portanto, de mais tempo e atenção. Dessa forma, também na avaliação pode ser necessário momento diferenciado com alunos que demandam maior atenção, por apresentarem certas dificuldades peculiares.

Por exemplo: um aluno apresentou problemas em relação a cálculos que envolviam multiplicação; o professor, tendo detectado a dificuldade, providenciou uma série de atividades extras e explicações adicionais dadas por um monitor para ajudar o aluno. Ao final de duas semanas de trabalho individualizado com esse estudante, torna-se necessário dar um teste de avaliação a mais, para poder verificar se o problema está sanado. Nesse caso, esse aluno em particular pode ter uma nota a mais que os outros.

7) Todo ensino moderno dá direito de recuperação ao aluno. Ou seja, nenhum estudante é condenado ao fracasso porque teve algum problema no primeiro bimestre do ano. O professor providenciará atividades para recuperá-lo. Podem ser atividades fora do horário regular de aulas, atividades diversificadas na própria aula (uma para esse aluno e outras, diferentes, para os demais, que não estão com problemas na área) ou ainda pode-se utilizar um monitor, um coleguinha de turma ou outro professor para explicar o conteúdo que

não foi bem compreendido. Seja de que forma for, o importante é saber que a escola se encarrega de não excluir alunos.

O que não significa porém que, obrigatoriamente, todos os alunos serão, de uma forma ou de outra, aprovados. Significa, sim, que todos terão chances de se recuperar, mas terão também que se esforçar para tanto.

8) Na Escola Moderna não existem alunos que não aprendem, existem sim, alunos que estão com problemas e que precisam, por isso mesmo, de mais atenção por parte da equipe pedagógica. Nenhum aluno é convidado a mudar de escola porque está com baixo aproveitamento, mas é instado a se dedicar mais e a melhorar.

9) O conteúdo do ensino tem valor, mas sua importância não é a única coisa a ser verificada na avaliação da Escola Moderna, que fica dividida entre outros elementos, tais como:

   a. Habilidades (capacidade de "saber fazer" algo específico — o aluno precisa demonstrar sua capacidade de utilizar, em ações físicas ou mentais, o conteúdo aprendido. Por exemplo: o professor dá uma equação para ser resolvida. Isso significa que o aluno tem que ter dominado o procedimento de resolução de equações, isto é, precisa saber que o objetivo é achar o valor de x ou y numa determinada igualdade e precisa saber o processo que o levará a calcular esse valor. Saber que determinados números devem mudar de lado na igualdade, trocando o sinal etc.).

b. Domínio das linguagens específicas (aplicar o que aprendeu demanda diferentes "linguagens", ou seja, a criança precisa ter determinados saberes para poder aplicar em determinadas situações. Por exemplo: questões que envolvem distâncias entre duas cidades ou locais remetem à capacidade de conhecer o sistema métrico; resolver uma equação do primeiro grau significa que o aluno tem que saber somar, subtrair, multiplicar e dividir, pelo menos).

c. Valores, hábitos e atitudes (no sistema de avaliação moderno, não somente o conhecimento tem valor: a conduta, as atitudes da pessoa também contam. Por exemplo: em trabalhos de grupo sistematicamente alguns alunos rejeitam a participação de um colega, "porque ele não tem computador e não vai poder ajudar". Cabe ao professor programar atividades que eliminem essas atitudes, através da discussão e reflexão; ao final, essas atitudes também serão consideradas. Assim como outras: cooperação, empenho na entrega e/ou participação em trabalhos etc.).

10) Na avaliação moderna, é muito comum a utilização de conceitos em vez de notas. Assim, algumas escolas usam a gradação E, MB, B, R, I (excelente, muito bom, bom, regular, insuficiente); outras TA, PA, NA (quer dizer: objetivos totalmente atingidos, parcialmente atingidos e não atingidos). Estes conceitos não correspondem, cada um deles, a uma nota. Por exemplo:

"E" não quer dizer exatamente 10 ou 100 e sim que todos os objetivos foram amplamente atingidos por aquele aluno. São conceitos que o professor atribui baseado em todo o trabalho e na *performance* de cada aluno nas provas, trabalhos, atividades de sala de aula etc. É, portanto, muito mais abstrato.

Observações importantes

Assim como é difícil encontrar Escolas Tradicionais "puras", o mesmo ocorre com as Modernas.

Com relação à avaliação, ainda é raro encontrar uma escola que siga exatamente o que propõe a avaliação moderna. Isso ocorre porque, sem dúvida, é muito mais difícil e trabalhoso avaliar segundo os padrões acima do que simplesmente dar uma nota numa prova.

A favor dos professores é preciso dizer que muitos optam por uma avaliação tradicional por temer cometer injustiças. De fato, dar provas e testes e a seguir corrigi-los dentro de uma escala de 1 a 10, em que acima de 5 o aluno está aprovado, é mais seguro do que considerar e analisar uma competência, o que é bem mais abstrato. Também é muito mais difícil considerar o que é um aluno "excelente" e diferenciá-lo de um "muito bom".

É claro que uma avaliação como a descrita acima é muito mais justa e eficiente em termos de verificação da aprendizagem e mesmo dos objetivos educacionais. Mas é muito mais complexa, e pode, por isso mesmo, induzir a erros mais graves.

Também é importante dizer que a avaliação tradicional — através apenas de provas testes e trabalhos, e utilizando notas — não traz maiores problemas aos alunos (todos nós fomos avaliados dessa forma e estamos aqui, inteirinhos e produtivos), desde que as provas e testes sejam adequados e justos, que sua formulação seja congruente com o que foi trabalhado em aula (tanto na forma como no conteúdo). O mesmo se pode dizer em relação a provas e trabalhos na Escola Moderna. Ser justo e coerente com o que foi trabalhado em sala é um dos mais importantes elementos que precisam estar presentes no momento de avaliar.

Em resumo, não assuma que a única forma de avaliar é a primeira ou a segunda. Toda avaliação implica uma margem de erro, de um jeito ou de outro.

Ninguém consegue avaliar todos os aspectos múltiplos que um mesmo aluno apresenta durante um período letivo. Aspectos afetivos, cognitivos, culturais e relacionais — todos em desenvolvimento — são tão amplos que às vezes se opta por considerar apenas os cognitivos, já que são mensuráveis com mais facilidade e apresentam, portanto, menos chances de erros.

Busque apenas que haja coerência, justiça e igualdade de oportunidades na escola de seu filho. Seja no ensino, seja na avaliação. Seja numa Escola Tradicional, seja numa Moderna.

X.
Como fazer do seu filho um bom estudante

Como agir, logo de início

Parabéns! Você pensou muito, discutiu à exaustão com o marido, e com quem mais achou importante, definiu o perfil de escola que queria, partiu para as visitas e entrevistas e, depois de todo esse trabalhão, enfim... Seu filho já está matriculado!!!!

"Que maravilha! Agora é com a escola", pensam muitos pais.

De fato, uma boa parte é. Mas existem coisas fundamentais que somente os pais podem fazer para que os filhos tenham bom resultado na escola. É um trabalho que vale a pena ser feito com dedicação e carinho — e muita, muita paciência — porque embora seja mais uma tarefa na vida sobrecarregada de todos nós, se realmente nos dedicarmos com amor, a recompensa será muito grande.

Pobres dos pais que têm que estar sempre temendo que os filhos repitam o ano, fiquem em recuperação (...e lá se vão as férias!) ou, pior, anos mais tarde, nos cheguem com a notícia de que não vão mais estudar, porque é muito "chato"!

Cá para nós, a maioria das crianças vai à escola e estuda porque os pais zelam por isso e não abrem mão. Caso contrário, acredito que a televisão estaria com audiência ainda maior, os *playgrounds* estariam entupidos de crianças o dia todo e nem sei o que seria do país... Então vamos combinar logo de início: fazer os filhos irem à escola e, mais ainda, estudar também (!) é mais uma das nossas tarefas essenciais. Não é à toa que já dizia o poeta: "Ser mãe é padecer no paraíso..." Então, sem mais delongas, mãos à obra, que o tempo urge...

Quanto mais cedo conseguirmos formar bons hábitos de estudo, tanto menos problemas teremos com a aprendizagem e o futuro dos nossos filhos.

"Mas como, santo Deus, conseguir tal proeza? Mais coisa para eu fazer, logo agora que estava pensando que, colocando o menino na escola, ia poder me aliviar um pouco?"

Calma, mãe, não se desespere. De fato, você vai ter mais tempo livre, sim. Só que não já. É só saber agir de forma educacional, logo no início, que tudo vai dar certo, como você queria. Mas tem um tempinho, no começo, que não pode ser ignorado e que demanda — como sempre — nossa dedicação e empenho.

São muitos os pais que me perguntam como fazer os filhos estudarem. Alegam que saem para trabalhar e não podem, portanto, controlar o que os filhos estão fazendo.

Outros me confidenciam que, quando estão em casa, travam uma verdadeira guerra com os filhos: o pai desliga a TV e diz que está na hora de fazer as tarefas escolares, os filhos ligam de novo, o pai desliga, os filhos ligam — num flagrante desafio à autoridade. O que fazer?

Melhor que brigar é criar bons hábitos, desde cedo. Como fazer isso?

1) PRESTIGIE AS TAREFAS ESCOLARES

Desde o momento em que seu filho começa a trazer tarefas para casa, mesmo que seja uma simples folhinha, no jardim de infância e que ele faz em menos de um minuto, ainda assim — prestigie a tarefa.

2) ARRUME UM ESPAÇO QUE SERÁ O LOCAL DE ESTUDOS DO SEU FILHO

Quando digo "arrume", não quero dizer que precisa ser algo de especial: reforma com decorador, arquiteto, móveis sofisticados, nada disso!!!! O que a criança precisa mesmo é sentir a valorização dada à escola desde o início.

Arrumar o cantinho dos estudos é simplesmente definir um local — onde uma mesa e uma cadeira confortáveis estejam à disposição da criança — e:
— que seja um local arejado, claro e calmo;
— sem que haja televisão ou som ligados;
— que seja um lugar de pouco movimento, sem pessoas passando. Um lugar gostoso: de estudo e concentração;

— conduza seu filhote, toda vez que ele for fazer as tarefas da escola, àquele lugarzinho, previamente definido, com carinho e afeto (isso fará com que, aos poucos, ele AUTOMATIZE O COMPORTAMENTO e, na hora do estudo, vá diretamente para lá);
— se um irmão ou amigo quiserem interromper, evite, dizendo com orgulho "agora, seu irmãozinho está estudando, não vamos interromper, não é?" — assim ele se sentirá valorizado e importante.

3) DEMONSTRE ORGULHO E PRAZER

Demonstre com clareza seus sentimentos de valorização positiva, mostre que está feliz por propiciar a ele essa oportunidade — que infelizmente nem todas as pessoas têm ainda no mundo — de estudar, e numa boa escola.

Ser feliz e estar alegre porque seu filho está estudando é, aliás, uma ótima maneira de começar a fazê-lo gostar dos estudos e dos livros. Não associando escola com cara feia, brigas e obrigação chata... E sim com PRAZER.

4) COMBINE COM A CRIANÇA O HORÁRIO DAS TAREFAS

Não precisa impor um horário, mas sim sugerir, combinar e ouvir a criança. Assim, juntos, vocês terão condição de decidir qual o momento em que o trabalho renderá mais. Algumas crianças ficam sonolentas após o almoço, então, uma sonequinha vai bem, antes de o trabalho recomeçar.

Estabelecido o horário, aja da forma como agiu no caso do local: diariamente, lembre-o de que está na hora de fazer o trabalho ou de estudar.

Atender às colocações da criança é importante. Ela sabe em que horário está mais disposta, com menos sono, ou sem ansiedade por estar perdendo um desenho que adora. No entanto, não aceite propostas do tipo "antes de dormir", "quando você chegar do trabalho". Evidentemente, na hora de dormir, depois de tanto brincar, a criança não terá nem disposição nem capacidade de concentração. E, se deixar para fazer tudo junto com você, ela estará criando uma dependência e um compromisso para os quais você poderá não estar suficientemente descansada para agir com adequação. Daí aos conflitos, é um passo. Você estará louca para que acabe bem rápido e aí, bem... aí é muito provável que você se surpreenda "fazendo o trabalho" de casa do seu filho (para acabar logo com isso — AFINAL VOCÊ ESTÁ E-XAUS-TA!).

Depois de ouvir e conversar, deixe estabelecido o horário. E aí, sim, zele para que as coisas funcionem como combinado.

5) SUA TAREFA É SUPERVISIONAR, ATENHA-SE A ELA

Sua tarefa ao chegar em casa é supervisionar (e não FAZER o trabalho por ele), apenas para ver se o trabalho está completo, atestar o capricho e tirar uma ou outra dúvida. Graças a Deus, aliás! Já pensou fazer de novo o primário? E sem ter repetido o ano? É de fato um castigo a que voluntariamente, e na melhor das intenções, muitos pais se submetem. A caderneta (ou a agenda escolar) costuma trazer listadas as atividades que foram passadas a cada dia. Verifique.

Depois de algumas semanas, a criança cria o hábito. Lembre-se, porém, que uma criança é diferente da outra. Algumas nem precisam de estímulo — adoram fazer as tarefas, são caprichosas e responsáveis por natureza; outras precisam de um pequeno empurrãozinho no início e outras, ainda, demandam supervisão mais longa.

6) LEMBRE-SE DE QUE NENHUMA CRIANÇA OBEDECE A TUDO, SEMPRE

É parte da tarefa dos pais se fazer obedecer até que a criança possa decidir sua própria vida. Portanto, não se assuste se, um belo dia, o seu filho — que você esperava fosse o número um em tudo na vida — chegar até você e dizer: "Mãe, não quero fazer o trabalho de casa hoje, vou jogar bola!" Ou coisa que o valha.

Aja calmamente e sem se alterar. Diga que sim, ele poderá jogar bola, sem dúvida! Mas só depois de terminar a tarefa. E diga isso com muita segurança, naquele tom que mostra firmeza e decisão. Encaminhe-o ao cantinho de estudo e diga que logo que ele terminar, se fizer tudo caprichado, irá jogar muitas partidas de futebol.

Quando ele avisar que acabou, confira! Veja se fez todo o trabalho e com capricho.

— Se ele tiver feito tudo com esmero, dê aquele incentivo — um beijo carinhoso, um sorriso e aquela frase: "Sabia que você era o máximo!" E deixe-o jogar seu futebol.

— Se ele tiver feito tudo correndo e malfeito, não brigue. Mas também não deixe por menos. Com calma

— mas com determinação —, mande-o refazer o que está malfeito. E avise: "Não adianta correr! Faça tudo e bem bonito como você sabe, que vai dar mais tempo para o futebol."

— Só quando estiver tudo bem-feito e caprichado é que você o deixará ir jogar. Se isso for feito logo de início, sempre da mesma forma, seu filho compreenderá que com estudo não tem barganha e que é melhor fazer logo e direitinho, que dá menos trabalho...

7) QUEM ESTÁ REALMENTE IMBUÍDO DO PROPÓSITO, SEMPRE ARRUMA UM JEITO...

"Mas eu e meu marido trabalhamos fora o dia todo, então como fazer essa supervisão?", você já estará se perguntando.

Uma solução é, por exemplo, dar um telefonema no horário previsto para as tarefas, chamar a criança e perguntar se já está estudando, se está fácil ou difícil etc. Assim ela percebe, sem broncas ou ameaças, que tem alguém zelando por ela. Não se demore no telefone, é um alô apenas. Se seu filho começar a dizer que não sabe fazer isso ou aquilo e a fazer muitas perguntas, diga com afeto, mas com firmeza, que faça tudo o que sabe — com capricho —, que quando você chegar tirarão juntos as dúvidas; afinal, transformar seu filho num bom aluno não implica necessariamente que você fique dependurada no telefone dando aulas ou explicações na hora do expediente! Cuidado, assim você pode perder o emprego e terá que tirar o filho da escola, não é mesmo?

Outra possibilidade é orientar a empregada, ou quem quer que fique com a criança na sua ausência, para zelar pelo cumprimento do que foi estabelecido. Isso significa lembrá-la quando for hora de iniciar o estudo, verificar se está fazendo o que foi combinado, se desligou a televisão etc.

Sua tarefa à noite será apenas verificar se tudo correu a contento: não deixe de folhear os cadernos, elogiar o capricho, perguntar se há alguma lição nova que precise ser "tomada"; saber se teve alguma dúvida que requeira uma explicação, algum trabalho que não tenha entendido como fazer etc. Aí você dará a ajuda que for necessária. Mas lembre-se: você não está corrigindo o trabalho, está verificando se foi bem-feito, com capricho e integralmente. Tirar uma dúvida que seu filho tenha e lhe apresente é ótimo. O que não é aconselhável é você refazer tudo o que estiver errado, ainda que seja junto com ele. Lembre-se que o professor irá fazê-lo no dia seguinte, durante a aula.

8) CUIDAR NÃO É "ESPIONAR"

Não se sinta mal ao agir assim, você não está "espionando" seu filho, como pensam alguns pais. Você está cuidando dele e do seu futuro.

9) ELOGIO — A MELHOR ARMA

Não se esqueça de elogiar, diariamente, quando ele estiver cumprindo o que foi combinado ou as partes que estão bem-feitas. Assim ele sentirá que você sabe dar valor ao que foi caprichado e logo perceberá que é mais negócio fazer logo bem-feito.

10) TENHA PACIÊNCIA

Roma não se fez em um dia. Nem bons hábitos de estudo. Aliás, hábito nenhum. Afinal, hábito quer dizer exatamente isso, segundo o dicionário Aurélio:

"Disposição duradoura adquirida pela repetição frequente de um ato, uso, costume."

Portanto, se os pais não ajudarem nesse sentido, vai ser difícil a criança se habituar. É necessário que estejamos atentos, ativos, à frente desse processo. Mas com calma, carinho e firmeza. Transmita a seus filhos a ideia de que cumprir o dever é muito positivo. Mostre-lhe isso através da aprovação, do carinho, do sorriso de estímulo a cada progresso. Com o tempo, ele vai prescindir desse cuidado, porque se torna uma atitude quase mecânica.

É ainda o nosso amigo Aurélio que nos informa também o que é "hábito":

"Maneira usual de ser."

É este o nosso objetivo. Transformar o estudo e a curiosidade intelectual em algo que faça parte da pessoa. Só que essa segunda etapa vai surgir apenas depois que tivermos trabalhado muito nesse sentido. Não é um milagre — é suor mesmo, repetição, paciência e decisão dos pais.

11) NÃO ESPERE QUE SEU FILHO ACERTE TODO O TRABALHO

Quando a escola determina uma tarefa para ser feita em casa, em geral, tem dois objetivos:

a) propiciar ao aluno tempo e possibilidade de fixação daquilo que estudou, e
b) permitir que o estudante perceba o que de fato aprendeu e o que não entendeu direito.

A correção das tarefas e a percepção por parte do aluno dos enganos ou falhas cometidos é muito importante; só assim o professor poderá tomar determinadas decisões. Por exemplo: ao corrigir um exercício, ao verificar que a maior parte dos alunos errou, o professor poderá decidir explicar mais uma vez aquela matéria para toda a turma, por perceber que não foi suficientemente claro na sua explicação. Por outro lado, se somente um ou dois alunos erram, outras decisões serão tomadas: explicar particularmente para os que tiveram mais dificuldades, encaminhar o aluno a um monitor ou passar mais exercícios do mesmo tipo, dando assim chances de progresso e superação do problema.

Quando papai ou mamãe se deixa levar por aquele orgulho, aquele desejo de ter um filho que "só tira 10", por aquela vontade quase irresistível de ver o caderno do filho todo certinho, sem nem um errinho, para contar e mostrar aos amigos e parentes, e, devido a isso, praticamente faz todo o trabalho junto (ou por) ele cuidado!... Você poderá estar levando seu filho a ter uma falsa percepção de sua aprendizagem e induzindo o professor a uma visão irreal. Resultado: na hora da avaliação, a decepção será do seu próprio filho, que não vai entender como pode acertar tudo em casa e errar tanto na escola...

Quer dizer, levar o trabalho todo certo é uma vantagem sim e um grande orgulho, desde que, é claro, tenha sido feito pelo aluno...

Muitos pais fazem essas coisas pensando que estão ajudando, que estão sendo úteis, mas a regra básica é:

12) EXPLIQUE O QUE SEU FILHO LHE PERGUNTOU, E APENAS ISSO

Se seu filho tem uma dúvida, esclareça apenas a dúvida. Não faça a tarefa, o exercício ou o problema para ele. Explique o que ele quer saber e deixe que conclua o resto. Esta é uma ótima maneira de orientar e supervisionar o trabalho, que não cria dependência, que o estimula a progredir, sem fazer com que, em pouco tempo, você ouça o que é tão comum: "Mãe, mas sem você eu não sei fazer o trabalho! Vou esperar você chegar em casa para a gente fazer junto."

Essas doze regrinhas de ouro, na grande maioria dos casos, devem ser suficientes para que em pouco tempo seu filho aprenda a ter responsabilidade em relação às tarefas escolares, sinta-se estimulado a fazê-las com cuidado e capricho e, especialmente, sinta-se CAPAZ de fazer suas tarefas sem ajuda, a não ser eventual.

Entretanto, como com o ser humano nem sempre dois mais dois são quatro, pode ser que, com todo o cuidado que você teve, ainda assim seu filhotinho se rebele...
Bem, nesse caso... siga adiante!

O que fazer, se não funcionar

O esquema proposto anteriormente costuma funcionar na grande maioria dos casos. Mas pode falhar com algumas crianças.

Antes de sair correndo em busca de socorro, analise o seguinte:

- Você, de fato, seguiu à risca os passos acima?
- Será que não houve mesmo umas poucas vezes — talvez nem tão poucas — em que "deu aquela preguiça de ficar em cima" e aí você "deixou pra lá" e facilitou tudo? Quer dizer:
  — acabou fazendo boa parte do trabalho; ou
  — ditando a resposta certa em algumas partes; ou
  — recortando logo de uma vez as fotos da revista que ele precisava para aquela pesquisa — afinal, já era tão tarde, não é? ou
  — deixou-o ver TV antes de fazer o trabalho, mas com aquele adendo: "Só hoje, ouviu?"
- Não terá sido a partir dessas exceções que seu filhote percebeu que podia ir deixando para lá também?
- Quer dizer, no momento em que percebeu que hoje podia fazer o trabalhinho na hora de dormir, depois do *play*, do futebol, da TV; que dois dias antes também, porque teve aquele jogo de futebol na TV — ou aquela reprise do filme que ele adora, tadinho — e aí ele pediu, pediu, pediu e você, num dado momento, tonta de tanto telefonema, o chefe já olhando de esguelha

com a cara mais do que feia, acabou dizendo: "Tá! Faz de noite, pronto! E me deixa trabalhar, pelo amor de Deus!" Coração de mãe é assim, mas tenha cuidado.

- Não quer dizer que temos que ser rígidos, mas é importante saber que, a cada vez que a criança nos vence pelo cansaço e pela insistência, estamos retrocedendo no processo e nos obrigando a pelo menos mais uns meses de trabalho para consertar o estrago.
- Então, enquanto estivermos no processo de "criar hábito", é bom evitar, o mais possível, fazer exceções.
- Mas, se você fez primeiro uma, e depois bastantes exceções, e começou a perceber que seu filho está se tornando insistente e a cada dia que passa é uma guerra para conseguir fazê-lo estudar, não pense que não há solução. Há sim: comece tudo de novo, explique outra vez, estabeleça mais uma vez as regras, avise que não vai mais abrir exceções porque ele abusou, e — dessa vez — CUMPRA!
- Mais algum tempo (não uma semana apenas) agindo assim e as coisas se resolverão. Mas tenha persistência, porque é claro que agora será mais difícil seu filho ter certeza de que, realmente, você não vai mais ceder: a mudança dele depende da sua mudança;
- Agora, um detalhe importantíssimo: não transforme o processo de formação de um hábito numa guerra. Não castigue, não grite, não perca a paciência: ao contrário, premie com a sua aprovação cada dia que o horário for cumprido e o trabalho ficar impecável. E faça-o refazer ou completar quando não o tiver feito, também com afeto, mas com firmeza.

- Lembre-se: trabalho impecável não quer dizer TRABALHO TODO CERTO. Quer dizer tudo feito com capricho, e até o fim.
- Se você vir um erro, não se preocupe, o professor corrigirá na escola.
- A finalidade da sua supervisão não é fazer seu filho tirar 100 em tudo e sempre, mas sim fazer com que ele entenda que o dever de casa é uma obrigação que não pode deixar de ser cumprida.

Fiz tudo certo, mas ainda assim ele foge das obrigações...

De fato, isso também pode ocorrer. Mas, felizmente, não acontece com a maioria das crianças.

Se seu filho está nesse caso, saiba que a criança que apresenta alto grau de dispersão e dificuldade de concentração pode ter <u>algum problema de saúde</u>, que precisa ser investigado.

Siga as seguintes etapas:

1) leve-o ao oftalmologista — a verificação da acuidade e higidez visual é importantíssima e é a primeira consulta a ser feita;
2) nada havendo em relação à visão, leve-o ao pediatra, para uma revisão clínica geral; insista para que avalie a audição; caso haja dúvidas, o pediatra recomendará um especialista (otorrinolaringologista); nesse caso, leve-o e faça os exames necessários;
3) se nada for constatado, deve ser feita uma consulta a um neurologista infantil para verificar se há algum problema relacionado à hiperatividade ou outro;
4) a última etapa, caso todos os outros exames tenham sido negativos, será você ouvir a opinião de um psicopedagogo, que é um profissional especializado em trabalhar com problemas de aprendizagem. Se ele detectar algo, fará um tratamento, que compreende uma série de encontros semanais, para trabalhar o

problema encontrado. Às vezes a criança é imatura, às vezes tem problemas de concentração, dificuldade de cumprir ordens ou dislexias. Se esse profissional também não encontrar nada, você poderá ficar tranquila em relação a qualquer problema de saúde e segura de que é mesmo apenas uma questão de formação de hábito, que, no caso específico do seu filho, demanda mais tempo do que se esperava. Isso não significa que ele é menos inteligente ou que tem algum problema. Pode ser até mais inteligente que outras crianças, mas o importante é que precisa da sua ajuda nesse momento, para formar hábitos de estudo.

Portanto:

Se desde o início seu filho se negou ou fugiu das tarefas que a escola lhe pede que faça em casa, tente o seguinte:

- Siga todas as etapas referidas anteriormente por mais um tempo (ver o item "Como agir logo no início" e "O que fazer se não funcionar"); pode ser que ele precise de mais tempo do que o que você gastou para formar o hábito. Lembre-se, porém, de que terá que estar atenta e seguir as etapas sem vacilar e sem abrir exceções — a não ser nos raros momentos em que haja uma necessidade real.
- Ao voltar à noite para casa, se você souber pela empregada que ele foi, por exemplo, ao *playground* no

horário reservado para o estudo, sente e converse, procurando ouvir as explicações e razões que apresenta; talvez ele queira fazer uma mudança, descansar mais na volta da escola, antes de retomar o estudo.

- Se você achar que as reivindicações são pertinentes, refaça as regras, incorporando o que ele pediu.
- Avise que, a partir dessas mudanças, não poderá haver falhas, porque as alterações foram feitas atendendo às colocações e necessidades dele. Volte a fazer a supervisão diária, por telefone e à noite, quando chegar em casa.
- Se ele não cumprir o combinado, você deverá tomar uma atitude de responsabilização:
  — Por exemplo, não deixar que assista à TV à noite ou que desça para brincar com os amiguinhos naquele dia.
  — Fazê-lo completar todo o trabalho.
  — Verificar se, efetivamente, o fez e com capricho.
- Repita esse "ritual" até que ele comece a fazer as tarefas sem necessidade de responsabilizações; é preciso que compreenda que você não vai abrir mão desse compromisso. E isso às vezes, com algumas crianças, leva bastante tempo. Se for preciso, fique ao lado dele (não fazendo as tarefas dele), leia um bom livro, costure, pinte as unhas, o que quiser. Mostre que, antes de concluir adequadamente a tarefa, ele não poderá fazer outra coisa.
- Não aumente a sanção: não descer para andar de bicicleta, não ver TV, não brincar com os amigos são sanções de bom tamanho (aplicadas uma só de cada

vez, é claro). Afinal, não o estamos castigando — e sim responsabilizando. É importante que o estudo não seja visto como algo que traz consigo coisas negativas. Daí por que é tão importante valorizar os dias em que a criança fez tudo com capricho e afinco; responsabilização somente quando as atitudes negativas forem habituais; se você começa com aquela história de "vai ficar uma semana sem ver televisão" ou "agora você vai ficar um mês sem ir jogar futebol com os amigos", o efeito pode ser contrário ao desejado. Uma sanção deve ser sempre imediata e de efeito rápido; assim a criança compreende que, fazendo o que deve, cessam os impedimentos ao que deseja fazer.

- Não diga que o está "castigando"; pelo contrário, mostre que está com pena, mas que você NÃO PODE agir de outra forma. Seu filho precisa compreender que tem responsabilidades, deveres também, não apenas direitos. Evite mostrar-se zangada; você está fazendo o que PRECISA fazer; deixe claro também que, assim que ele cumprir o dever de estudar, recuperará o direito de ver TV, por exemplo.
- Sanções longas (um mês sem andar de bicicleta, por exemplo) fazem com que a criança nem mais se lembre do que fez de errado — e continue pagando por algo que não mais recorda o que é —, o que não serve para nada, somente para gerar revolta. Além disso, ao final da primeira semana, você estará enlouquecida pensando em como fazer para "desculpar" a criança, que agora fica jogando bola no quarto ou pulando

feito uma pipoca, de tanta energia acumulada! Evite sanções excessivas ou que não possam ser cumpridas.
- A primeira vez que a criança fizer toda a tarefa no horário combinado não se esqueça de recompensá-la. Mas de forma simples, sem anunciar um prêmio gigantesco e sem dar coisas materiais. Ela poderá pensar que tem que ganhar alguma coisa cada vez que cumpre sua obrigação. Apenas, por exemplo, dê um abraço daqueles de tamanduá, beije bastante, diga que sabia que ela era caprichosa, estudiosa etc. Dê um pedaço maior da torta que ela adora na hora da sobremesa — acompanhada de uma piscadela cúmplice, para que sinta que você está feliz com o seu comportamento.
- Repita essa forma de agir até que perceba que, por várias semanas, não houve mais falhas, o que significa que ela interiorizou o comportamento.
- Parabéns! Seu filho vai lhe agradecer no futuro...

E o adolescente que, de repente, não quer nada com o estudo?

Na adolescência é bastante comum ocorrer uma diminuição no interesse pelo estudo.

O jovem está descobrindo tantas coisas atraentes... Meninos só pensam nas garotas e elas, por sua vez, nos gatos, nas festas, na praia, nas roupas...

Nada mais emocionante do que namorar, "ficar", seduzir e, especialmente, falar sobre isso o dia todo — e à noite também, grudado ao telefone. Para desespero dos pais, que a cada mês quase enfartam com a conta telefônica!

Para adolescentes e pré-adolescentes, não tem nada melhor do que ficar com os amigos, falando, rindo, jogando conversa fora... Ir à escola? Tudo bem, agora, quanto a assistir às aulas e, mais ainda, prestar a atenção ao que os professores dizem, "aí já complica", como eles diriam...

Lidar com essa mudança pode ser muito difícil para os pais, especialmente para os pais dos bons alunos.

Como agir então?

- Compreendendo que é uma fase (especialmente os primeiros anos da adolescência), e que, como tal, passa (demora bastante, mas passa mesmo!);
- tendo compreensão — o que não significa, por exemplo, aceitar que o jovem abandone os estudos

ou comece a baixar continuamente o rendimento na escola;
- conversando, mostrando que sabe que é difícil "adorar" a escola e os estudos (embora existam os que de fato adoram), mas que, ainda assim, terá que cumprir as metas estabelecidas;
- estabelecendo ou revendo metas quando necessário — junto com ele;
- evitando criar metas inviáveis, tais como: só aceitar conceitos A ou notas acima de 9, por exemplo;
- compreendendo que cada um considera determinadas matérias mais difíceis ou "chatas" e outras mais fáceis e interessantes;
- mostrando ao seu filho que ele terá todo o apoio necessário para superar dificuldades — desde que, obviamente, faça sua parte;
- disponibilizando seu conhecimento para esclarecer dúvidas;
- abrindo a possibilidade de contratação de professores-explicadores *quando houver necessidade* (evite fazer do professor-explicador uma muleta para seu filho e para você);
- aceitando que, especialmente a partir do Ensino Médio, as disciplinas são realmente mais abstratas e complexas, o que, por si só, já torna menos provável que os jovens tenham o mesmo rendimento que tinham no Ensino Fundamental;
- sabendo diferenciar o rendimento baixo ocorrido por dificuldade em determinada matéria (você o viu

estudar bastante e se esforçar) do mau rendimento causado pela falta de estudo. Em cada caso, cabe uma atitude diferente;
- agindo de acordo, em cada caso:
  — apoiando, quando for uma dificuldade real;
  — responsabilizando, quando for falta de aplicação.

XI.
Como atrapalhar o trabalho da escola

Você pode ser um pai que age de forma a colaborar ou de forma a derrubar os objetivos da escola.

Em sã consciência, nenhum pai saudável age visando a ser um empecilho ao bom resultado escolar. Ocorre que às vezes, inconscientemente, pensando estar agindo da melhor forma, pode-se, de fato, estar causando problemas ao próprio filho. Por isso, antes de prosseguir, leia e considere:

1) MUITAS VEZES OS PAIS CONFUNDEM PROTEÇÃO COM SUPERPROTEÇÃO.

Proteger seu filho é seu dever, mas procure não se deixar levar pelas emoções. Analise bem antes de agir, para poder verificar se realmente seu filho está precisando de sua interferência junto à escola. Na maioria das vezes, as queixas são infundadas ou exageradas.

2) É MUITO RARO UMA BOA ESCOLA COMETER LOUCURAS.

Tais como perseguir um aluno que tem atitudes corretas e é cordato, reprovar o aluno que tem bom rendimento ou aplicar alguma sanção — <u>sem que nada tenha</u>

acontecido. Conte até dez, até vinte ou, melhor ainda, até cem antes de agir se seu filho lhe disser que foi injustiçado. De cabeça quente, só fazemos coisas de que nos arrependemos depois.

3) SOMOS TODOS FALÍVEIS. NINGUÉM É PERFEITO E ERRAR É HUMANO.

Qualquer excelente escola, assim como um ótimo professor, pode cometer injustiças. Aliás, por isso mesmo, não tente evitar que seu filho enfrente os problemas normais da vida e da convivência. Deixe que ele lute pelos seus direitos e só interfira quando houver algo de fato sério e que ele não tenha podido resolver.

4) LEMBRE-SE SEMPRE: FOI VOCÊ QUE ESCOLHEU A INSTITUIÇÃO. E VOCÊ SÓ O FEZ APÓS UMA ANÁLISE CLARA E MINUCIOSA DE TODOS OS ASPECTOS RELEVANTES. NÃO FOI?

Então não lhe parece que tudo que você viu e que lhe serviu de base para tomar a decisão de matricular seu filho não pode ter simplesmente sumido ou se esfumaçado da noite para o dia? Portanto, dê o devido desconto. Seu filho pode estar apenas momentaneamente contaminado pelas emoções e pela raiva de ter recebido uma sanção ou tirado uma nota baixa, especialmente se ela estiver ameaçando suas férias ou o fim de semana.

5) SE VOCÊ FICA MUITO MOBILIZADO EMOCIONALMENTE POR TUDO QUE SEU FILHO LHE CONTA, CUIDADO!

Isso pode conduzi-la a algumas atitudes impensadas, que, ao contrário de ajudar, podem levar seu filho ao fracasso escolar e a atitudes de prepotência, falta de limites e desrespeito à autoridade. Pensando em dar amor, podem-se dar exemplos de arbitrariedade, individualismo, egocentrismo, tudo enfim que — tenho certeza — nenhum pai deseja ensinar ao seu filho.

Todos desejamos um mundo melhor para nós e para nossas crianças viverem. Mas precisamos começar dando, nós próprios, o exemplo. E isso só se faz na prática, exercendo a cidadania, regulando nossa vida e nossas atitudes pelas mesmas regras que exigimos que os outros utilizem.

Se você já está com o coração apertadinho, achando que assim não estará "protegendo" seu filhinho como deveria, tente refletir a partir do que apresento a seguir — tudo retirado da realidade do dia a dia de nossas escolas.

Se você agir de acordo com os itens abaixo, saiba que seu filho não estará sendo protegido, ao contrário: você o estará ajudando a formar conceitos muito distorcidos e, dessa forma, o que ele aprenderá é que...

...faça o que fizer (pode errar à vontade e sem se responsabilizar por nada), o papai e a mamãe aparecerão para tirá-lo da encrenca. E assim

poderá, por exemplo, deixar de estudar, repetir o ano, fazer somente o que tiver vontade e do jeito que quiser...

Cuidado! Essa visão distorcida da realidade pode ser caminho para a marginalização!

Então, se você quiser ser um pai/mãe superprotetor, fazendo com que todas as tentativas da escola de **formar seu filho de forma responsável fracassem**, tome os seguintes cuidados e aja como descrito a seguir (mas não deixe de refletir no que estará ensinando *subliminarmente*, quer dizer, *sem perceber*):

- Aceite tudo que seu filho contar sobre professores, a direção, os inspetores, a equipe da escola e os colegas como verdade absoluta — NUNCA DUVIDE DO SEU FILHO.

    (*Assim ele aprenderá a se ver como uma pessoa perfeita e sem erros; a curto prazo, jamais aceitará uma crítica, nem de você, nem de ninguém — já pensou nas consequências disso?*)

- Assim que ele lhe contar alguma coisa que você considere absurda, sem levar mais nada em consideração (seu filho nunca mente, nem exagera nada!), VÁ CORRENDO LÁ E BRIGUE BASTANTE COM TODO MUNDO.

(Dessa forma, ele jamais desenvolverá o espírito crítico e o equilíbrio emocional — afinal, tem um ótimo exemplo dentro de casa.)

- Ameace o professor de conseguir sua demissão quando seu filho — tão estudioso — tirar uma nota baixa, ainda que seja a única da sala. O professor persegue seu menino!

    (Aqui ele estará aprendendo que o poder e o dinheiro são os valores que contam para você e não a justiça, a dedicação pessoal, a honestidade.)

- Se a escola aplicar alguma sanção ao seu filho — por exemplo, ficar no recreio terminando uma tarefa que deixou de fazer porque conversou todo o tempo em aula —, não aceite! VÁ LÁ E AMEACE O DIRETOR DE TROCAR SEU MENINO DE ESCOLA.

    (Esta será uma ótima lição prática sobre chantagem econômica; ele também aprenderá que não há necessidade de aprender, o que vale mesmo é "passar de ano".)

- Se seu filho contar alguma coisa que um professor fez e com a qual não concorde, diga-lhe com todo vigor QUE VAI TOMAR PROVIDÊNCIAS IMEDIATAS, PORQUE NINGUÉM FAZ ISSO COM SEU FILHO, tão perfeito e bonzinho, coitado!

(Assim, confirmará as suspeitas de que só o que ele pensa é válido; o que o ajudará a ter muitos problemas de relacionamento no futuro, quando tiver que trabalhar em grupo numa empresa, por exemplo, em que colegas ou o chefe pensem de forma diversa da dele.)

- Assegure a seu filho que, amanhã mesmo, irá lá, exigir que passem menos tarefas, estudos e pesquisas, quando seu filho lhe disser que anda muito cansado. Afinal, indiretamente, QUEM PAGA O SALÁRIO DO PROFESSOR SÃO VOCÊS PAIS, ou não?

   (Será uma excelente maneira de ensinar-lhe que os professores, especialistas em sua área, não precisam ser respeitados como tal e o que vale mesmo é a prepotência e a força do dinheiro de quem detém o poder. Depois não clamem por uma sociedade mais justa e íntegra.)

- Quando marcarem uma prova num dia imprensado entre um feriado e o fim de semana, VÁ LÁ E EXIJA QUE A DATA SEJA ALTERADA. Onde já se viu impedir a família toda de viajar?!

   (Esta é uma ótima maneira de mostrar que o lazer é mais importante do que o dever; não se assuste, mais tarde, se ele não quiser trabalhar...)

- Quando seu filhinho não tiver estudado o suficiente para uma prova — tadinho, tinha um jogo imperdível de futebol na televisão, e hoje em dia quem é que estuda antes da véspera da prova? —, ACONSELHE-O A FALTAR e depois, alegando doença, pedir para fazer em segunda chamada; afinal, o médico é seu amigo e "dá" atestado toda vez que você pede...

(Trata-se de uma aula prática sobre elasticidade de conceitos — a fronteira entre honestidade e desonestidade pode ser "esticada" de acordo com a necessidade, especialmente a nossa...)

- Se seu filho for reprovado numa matéria por poucos pontos, VÁ PEDIR AO PROFESSOR QUE LHE DÊ OS PONTOS QUE FALTAM — afinal, qual é a diferença entre um 4,5 ou um 5?

  (Bom para ensinar ao seu filho o que realmente importa em relação aos estudos: passar de ano. Também. dá uma boa lição sobre como desrespeitar as regras estabelecidas.)

- Se não conseguir que lhe deem os pontos, MUDE-O DE ESCOLA, afinal seu filho pode ficar constrangido ao encarar os colegas que foram adiante!

  (Mais uma lição sobre objetivos do ensino: o que importa é passar de ano e não aprender de verdade o conteúdo. Também é uma boa lição sobre como fugir às consequências dos próprios atos. Afinal, ele estudou mesmo ou vadiou o ano todo?)

- Se seu filho chegar atrasado e a escola não permitir sua entrada (isso consta do regulamento, do qual você tomou ciência antes da matrícula), faça um escândalo! Afinal, o que é mais importante: SER PONTUAL OU ASSISTIR ÀS AULAS?

    (Esta atitude ensina, de forma bem prática, a distorcer um fato para utilizá-lo em proveito próprio. Outra coisa: alguns meses ou semanas depois, quando todos os alunos estiverem entrando e saindo da escola ao seu bel-prazer, reclame da falta de segurança que isso acarreta, ou da falta de organização. Dois pesos e duas medidas, de acordo com a conveniência do momento, é outra aprendizagem que seu filho terá nesse episódio.)

- Se seu filho pichou as paredes do banheiro e como sanção a escola lhe deu pincel e tinta para que reparasse os danos causados, não admita! SEU FILHO NÃO PODE SER TRATADO COMO UM QUALQUER!

    (Duas excelentes lições: a primeira, de preconceito social; a segunda, de como fugir à responsabilidade dos próprios atos.)

- Se seu filho foi pego colando e tiraram a prova dele, vá lá e dê aquela bronca! Afinal, quem não cola? Foi só ele? E os outros que não foram pegos? ISSO É HIPOCRISIA!

    (Ensina-se dessa forma que um erro justifica e autoriza outro erro.)

A essa altura, você já está com os cabelos arrepiados, apavorada, pensando em quantas coisas a gente faz na melhor das intenções e... erra! De fato; mas sempre é tempo de corrigir desvios. Por outro lado, talvez você até esteja tentada a jogar fora, rasgar, queimar ou pelo menos parar de ler este livro. Afinal, você esperava encontrar apoio e agora está nervosa e insegura. Calma! Um pouquinho só de tranquilidade! Se, em algum momento, você agiu uma ou outra vez da forma acima descrita, não se desespere. Nosso propósito é o mesmo: tornar nossos filhos bons estudantes, produtivos e responsáveis, não é verdade? O importante é nos conscientizarmos do que representam para nossas crianças as pequenas atitudes que tomamos no dia a dia. Se erramos, involuntariamente, ainda é tempo de mudar a situação. E, a partir da consciência desses enganos, alterar o que for necessário — para o bem deles e o nosso também!

XII.
Como agir para ajudar

Quem pensa que educar é fazer grandes gestos e falar bonito, engana-se redondamente. O que fica de mais importante, o que cria raízes profundas na alma e na conduta dos filhos, **é a nossa maneira de agir**, de nos relacionarmos com eles e com o mundo. São os exemplos de relacionamento que damos como marido e mulher; como pais e filhos; e também — muito, muito importante — com os profissionais da educação, que acolhem e orientam nossos filhos diariamente, durante anos e anos!

Então, se nós, pais — que escolhemos a escola dos nossos filhos — não demonstramos o quanto os respeitamos e o quanto estamos agindo em conjunto, se a cada ação do professor ou da escola os colocamos em xeque, julgando e criticando (muitas vezes sem a base técnica que eles têm), como poderemos esperar reações diferentes dos nossos filhos, que em tudo se baseiam nas nossas atitudes?

Não se trata de deificar professores, como se nunca cometessem equívocos, e sim de compreender que erros podem ocorrer, pequenas falhas ou desarmonias, mas que, desde que não sejam de fato essenciais, **o que deve contar é a totalidade da ação educativa**. Se nos surpreendemos pensando que agiríamos de maneira diversa em uma ou outra atitude adotada por determinado professor, coordenador ou inspetor — e desde que essa atitude não represente uma postura antiética, uma ação ilegal, um ato grave ou de consequências realmente negativas para nosso filho —, espere um pouco antes de agir.

Não espere encontrar uma instituição sem falhas, perfeita. Ela não existe — simplesmente porque é constituída de pessoas como nós, com acertos e erros.

O importante é colocar na balança e avaliar em substância; e desse ponto de vista, tenho certeza, na maior parte das vezes, o prato da balança pesará favoravelmente à escola.

Se, no entanto, as falhas começam a dominar, se em muitas ocasiões, várias e várias vezes, você começa a perceber que professores ou outras pessoas que trabalham na escola agem de maneira que vai contra tudo que você esperava ou tudo que lhe foi apresentado como o trabalho pedagógico que seria desenvolvido, então sim, você terá motivos sérios para reavaliar sua escolha ou, no mínimo, para ir conversar e saber o que está acontecendo — com base em vários fatos que você _tem certeza_ de que ocorreram.

Um evento isolado, ocasional, portanto, não deve ser motivo para preocupação ou decisões apressadas. Corre-se o risco de trocar de escola, adaptar de novo a criança a um novo ambiente, e... dois ou três meses mais tarde — começar tudo de novo. O _que quero dizer é que nenhuma escola satisfará sempre um coração de pai extremoso, em todos os momentos._ Jamais encontraremos um colégio em que todos os professores sejam maravilhosos, não cometam nenhum pequeno erro, em que todas as aulas sejam divinas, maravilhosas, supermotivadoras, em que não haja um pequeno resvalo sequer numa correção de prova... Etc. etc. etc.

Enfim, o que vale é o que acontece na maior parte do tempo, na maior parte das aulas, na atitude da maior parte dos professores, da direção etc. A escola é como nós, pais. Às vezes nos estressamos, estamos cansados, ficamos mais tensos e, por menor que seja a falha que nossos filhos cometam — damos aquela bronca!!!! Enorme, desproporcional, que nada tem a ver com o que de fato ocorreu. Nós falhamos como pais, amando tanto nossos filhos, não é verdade? Tem tanto pai que quer ser moderno, liberal, amigo e que acaba não conseguindo dialogar quando quer, que quando vai ver, já está berrando, vermelho, descontrolado... que quando dá por si, o filho está olhando como se ele estivesse louquinho da silva! E isso os transforma em péssimos pais, condena ao fogo eterno? Não, jamais. Ou melhor, condenaria se isso acontecesse sempre, todos os dias, sem nenhum motivo concreto. Mas em geral, mesmo o melhor e o mais cordato dos seres humanos acaba em algum momento não aguentando e perdendo as estribeiras — principalmente porque nos dias de hoje nossos filhos adquiriram uma capacidade inesgotável de querer sempre mais e mais, de reclamar de tudo, por melhor que seja a vida deles, por mais conforto que tenham... Então? Não é normal que também os professores sejam humanos? O que faz de nós bons pais e deles bons professores, o que conta mesmo, é A TÔNICA, A FORMA PELA QUAL SE AGE NA MAIOR PARTE DO TEMPO.

Se formos pais com metas educacionais, se nos dedicamos e temos amor, carinho, se somos justos e equilibrados a maior parte do tempo, com certeza teremos resultados maravilhosos na educação dos nossos filhos.

E é isso mesmo o que ocorre nas escolas! O resultado educacional excelente se alcança pela coerência de projeto, pela coesão da equipe educacional, pela autenticidade dos objetivos e — especialmente — pela forma com que tudo isso ocorre na prática, NA MAIOR PARTE DO TEMPO, COM A MAIOR PARTE DOS ALUNOS. Por isso, temos que dar à escola o mesmo voto de confiança, o mesmo crédito que damos a nós próprios.

Dito tudo isso, vamos continuar.

Existem maneiras de agir — opostas àquelas que descrevemos no capítulo anterior — que tornam família e escola aliadas em torno dos mesmos objetivos. E não é nada difícil. É só agir com equilíbrio, sem deixar que as emoções dominem seu senso crítico.

Basta pensar que tanto você quanto a equipe que trabalha na *escola (que, lembre-se, você elegeu para dar continuidade ao processo educacional que se iniciou em sua casa desde que seu filho veio ao mundo)* querem a mesma coisa. Você e a escola do seu filho, escolhida a dedo, são PARCEIRAS e não inimigas.

Para que isso possa ocorrer, primeiro tente acalmar seu coração. Deixe de lado pequenos aspectos do dia a dia, desses irrelevantes e que fazem parte da aprendizagem e do processo de amadurecimento do seu filho — e concentre-se no principal.

O que nós desejamos ao educar?

Transformar nossos filhos em homens de bem, em cidadãos, pessoas maravilhosas, honestas, íntegras, saudáveis física, intelectual e psiquicamente, de quem todos nos orgulharemos no futuro.

E quem vai fazer esse trabalho árduo (e bota árduo nisso!)? Você e a escola — sua maior aliada (muitas vezes, a única aliada).

Então, se você, de fato, quer que seu filho se torne um bom estudante e futuramente um cidadão produtivo, reforce e apoie o trabalho da escola — da mesma forma que espera que a escola apoie e reforce o que você ensina em casa. Não crie fantasmas onde não existem. Aja de acordo com o descrito a seguir (e não deixe de refletir no que está ensinando *conscientemente*):

- Sempre que seu filho lhe contar algo estranho sobre um professor, a direção da escola, os inspetores ou outras pessoas da equipe educacional, especialmente se for aquela instituição que você visitou, conheceu e se encantou — DÊ UM DESCONTO! Assim como nós, quando emocionados ou irritados, cometemos injustiças ou exageramos, ainda que involuntariamente, na nossa interpretação dos fatos, também os nossos filhos podem fazer o mesmo. Então, ouça-o com atenção, espere que ele se acalme, deixe passar algumas horas e — só então — peça-lhe para contar de novo o ocorrido. Você ficará surpreso de como as coisas podem ter sido menos graves do que aparentavam ser. Tente saber que outras pessoas presenciaram o fato e, mais tarde, sem que seu filho saiba, pergunte o que elas acharam e o que presenciaram. Procure usar um tom afetivo com seu filho, não o de um interrogatório; evite parecer estar desconfiando do que ele contou. Use expressões como "imagino como você se sentiu!" e outras que demonstrem apoio emocional. Se, passada a primeira emoção, você perceber que de fato aconteceu algo preocupante, vale a pena ir conversar com o professor ou com outra pessoa da escola que esteja envolvida no ocorrido. NUNCA ANUNCIE SUA IDA COMO UMA AÇÃO DE CONFRONTO OU UMA "TOMADA DE SATISFAÇÕES". Se preferir, nem diga que irá, mas se o fizer, faça-o com calma, dizendo que vai ajudá-lo a resolver o problema. Às vezes, a própria criança lhe dirá que não precisa. Nesse caso, espere algum tempo. Como já dissemos, pode ter sido um episódio isolado, que não compromete o esforço educacional da escola como um todo. Se acontecer outras vezes, vá. Mas vá conversar. Ouvir, em primeiro lugar.

(Assim seu filho se sentirá protegido e estará aprendendo que todos têm direito de ser ouvidos; que a justiça, para ser feita, tem que dar direito de defesa e de argumentação a todos igualmente.)

- Se a criança relatar algo que você considere absurdo, TENTE SABER MAIS SOBRE O FATO ANTES DE AGIR... É muito diferente um pai atento e cuidadoso de um desconfiado e superprotetor! Não tome, portanto, nenhuma medida intempestiva. Só aja quando tiver um grau mínimo de certeza.

    (Assim estará ajudando seu filho a desenvolver a inteligência emocional: absurdos acontecem, mas são raros, numa boa escola. Você também estará mostrando que confia na instituição que escolheu.)

- Se seu filho tirar uma nota que considere insatisfatória e lhe disser que o professor o persegue e que só ele teve esse resultado, CONSIDERE COM MUITA ATENÇÃO A POSSIBILIDADE DE ELE TER ESTUDADO POUCO. Rememore quantas vezes o viu estudando essa matéria nas últimas semanas (ou outras quaisquer!); verifique a prova e os cadernos. É bem mais provável que você perceba que ele precisa estudar mais do que descubra um comportamento desequilibrado do professor (pode ocorrer, mas é bem mais raro do que o número de crianças que prefere brincar a estudar, não é mesmo?). Mostre-lhe isso — com fatos. Refaça com ele o horário de estudos, aumentando o número de horas dessa matéria em particular (sem brigas, só com base em dados reais).

(Você lhe estará ensinando que resultados dependem de ações, que milagres não acontecem, especialmente com quem não estuda. Estará também mostrando que é preciso provar o que diz, antes de acusar alguém.)

- Se seu filho lhe contar que a escola lhe aplicou alguma sanção — por exemplo, não deixou entrar em sala porque se atrasou, pediu para ficar em sala fazendo um trabalho que não trouxera no dia combinado ou mandou que pintasse as paredes que grafitou —, SIMPLESMENTE APOIE A INICIATIVA. Diga, com convicção, que cada um tem deveres e direitos e que os direitos só podem ser exercidos por aqueles que cumprem com seus deveres. Compreenda que é impossível ter dois pesos e duas medidas e ser uma organização saudável. Se cada um não fizer a sua parte, a sociedade estará fatalmente comprometida.

(Você estará mostrando que acredita na importância da responsabilidade social de cada cidadão.)

- Se ele reclamar de que a escola marcou prova para a segunda-feira, num dia imprensado entre feriado e fim de semana, ou demonstrar desagrado com o trabalho de casa — DIGA QUE COMPREENDE QUE ELE ADORA BRINCAR, VER TV ETC., MAS QUE BEM PLANEJADO O DIA DÁ PARA TUDO; ESPECIALMENTE, DIGA QUE O QUE SE FAZ COM BOA VONTADE FICA PRONTO MAIS DEPRESSA. E encerre o assunto.

(Com isso, você estará demonstrando a importância que dá ao estudo e à escola e também ensinará o valor do planejamento e da organização.)

- Se seu filho não corresponder ao modelo de estudante que você idealizou, não desista. Lembre-se: Roma não se fez em um dia! A melhor maneira de incrementar a *performance* de seu filho é estimulando-o, aprovando-o nas pequenas vitórias que, com certeza, ele tem no dia a dia. Às vezes, de tanto idealizarmos o que desejamos que nossos filhos sejam, perdemos a capacidade de enxergar tudo que eles têm de bom. AJUDE-O, AGINDO DE FORMA A QUE ELE TENHA ELEVADA AUTOESTIMA.

(Faça isso usando os conhecimentos que apresentamos logo abaixo. Você se surpreenderá ao constatar como atitudes tão simples têm resultado tão espetacular. Portanto, mãos à obra.)

A questão da autoestima

Uma das grandes preocupações do momento em Educação e Psicologia é com a autoestima. Professores, psicólogos e pais debruçam-se sobre a questão com cuidado crescente. Esclarecer alguns pontos básicos parece-me, portanto, valioso e útil.

Autoestima (autoimagem ou amor-próprio) é a forma pela qual o indivíduo percebe seu próprio eu. É o sentimento de aceitação ou de rejeição da sua maneira de ser. Se a pessoa se vê de forma positiva, valorizando suas características, podemos dizer que tem *autoestima elevada* ou *positiva*. Se, ao contrário, ela não se aceita ou se desvaloriza, isto é, se há inconformidade consigo mesma, dizemos que tem *baixa autoestima* ou *autoestima negativa*.

O cuidado especial com o tema deve-se ao fato de que indivíduos com baixa autoestima têm possibilidades maiores de apresentar problemas como depressão e insucesso nos estudos e, mais tarde, na vida profissional, entre outros. O risco de fazerem uso de drogas e tornarem-se dependentes químicos é também mais elevado. São também passíveis de serem manipulados e de cederem a pressões do grupo com mais facilidade. Daí por que, entre as medidas de prevenção ao uso de drogas, se inclui hoje o trabalho no sentido de melhorar a autoestima.

A autoestima começa a se formar muito cedo. Desde bem pequena a criança, em interação com o meio, através das experiências vivenciadas (especialmente em contato com os pais), vai incorporando ideias sobre si que influenciarão suas atitudes posteriores. Nem preciso dizer o quanto nós — mais uma vez, *tadinhos de nós pais*, quanta responsabilidade sobre nossos ombros! — temos peso na formação desse conceito. Embora não seja o único fator determinante, a ação dos pais é essencial.

O que fazer, portanto, para que nossos filhos se vejam a partir de uma ótica positiva? O que pode beneficiar ou prejudicar esse processo?

- Uma das atitudes mais importantes é *o respeito pela dignidade da criança*. Tem gente que acha que, como a criança é pequena, não tem ainda sensibilidade nem percepção. Daí que falam e agem de acordo com essa ideia, inverídica. Mesmo a criança pequena sente-se menosprezada se não levam em consideração seus sentimentos, se não atendem suas necessidades e desejos (evidentemente os que podem ser atendidos), se não é ouvida com atenção, se, sem nenhum motivo, ordens são dadas aos gritos e se não há respeito mínimo a sua privacidade. Este é o primeiro passo: avaliar até que ponto tratamos nossos filhos com respeito. Muitas pessoas relacionam-se com os vizinhos e amigos com educação e deferência, mas não fazem o mesmo com os filhos. Por outro lado, é bom lembrar que tratar as crianças de forma digna não impede que as eduquemos, que estabeleçamos limites, regras ou que digamos não quando necessário.
- Outro elemento fundamental é *descobrir e ressaltar as qualidades e o valor que cada um de nossos filhos tem*, evitando, o mais possível, fazer comparações — especialmente as desabonadoras — entre eles. Toda criança tem, desde a infância, características de personalidade que a diferenciam e individualizam. É claro que determinados traços — a capacidade de fazer cálculos matemáticos com rapidez, por exemplo — são valorizados e tidos como qualidades, enquanto outros — a timidez, por exemplo — são encarados como "defeitos". Se os pais passam a maior

parte do tempo ressaltando aquilo que a sociedade convencionou chamar de "defeito", a criança começa a se ver como um ser incompleto e incapaz, o que, sem dúvida, irá contribuir muito pouco para que tenha uma autoestima elevada. Se, ao contrário, as qualidades e virtudes são ressaltadas com frequência, a possibilidade de ter autoestima positiva cresce bastante. "João não dá para esportes" ouvido durante anos, poderá levar João a evitar qualquer atividade relacionada. "Angélica, minha filha mais velha, é linda; mas a caçula, Antônia, em compensação, é muito simpática" quase com certeza levará Antônia a introjetar a ideia de que é feia.

- *Confiar na criança* é outro procedimento que contribui positivamente. Se seu filho lhe relata algo e vê que, em seguida, você vai "tirar a limpo" — na frente dele — com outra pessoa a veracidade do fato, é claro que sentirá que você não acredita nele. A criança reflete, de forma contundente, essa imagem que os pais têm dela. Se não creem nela, ela tende também a não crer em si. Além disso, é preciso demonstrar confiança e fé na capacidade de o filho realizar aquilo a que se propõe. Se a criança diz que vai fazer uma pintura para a vovó e é estimulada alegre e confiantemente ("Ah, sim, faça isso... você pinta lindamente e sua avó vai ficar orgulhosa!"), acreditará na sua capacidade. Se não foi bem na escola num determinado bimestre, e os pais demonstram que sabem que o filho vai superar aquela dificuldade, estimulando-o com palavras e atos ("Isso

pode acontecer com qualquer um, sei que você vai arrasar no próximo bimestre! Se precisar de alguma coisa, estou aqui para ajudar"), a chance de superar a crise é muito maior.
- Outro fator importante é *não criar expectativas exageradas*. Se, desde que seu filho é pequeno, você começa a dizer para ele, a família e os vizinhos tudo que "ele vai ser quando crescer", pode estar ativando um nível de metas que a criança nem sempre se sente capaz de alcançar, tornando-a ansiosa "por fazer coisas sensacionais". As realizações simples do dia a dia — que, aliás, deveriam ser metas suficientes para todos —, como passar de ano, tirar notas boas, ter um bom emprego e uma relação afetiva feliz, acabam obliteradas pelo desejo, por exemplo, de ser o melhor da classe, ter o maior salário ou ser alguém muito famoso. Menos do que isso será considerado sempre muito pouco e, obviamente, motivo de frustração e baixa autoestima.
- Basicamente o que importa é que tenhamos equilíbrio para não deixar de incentivar nossos filhos a progredir, a ir adiante e a vencer suas próprias limitações, nem tampouco fazer com que se considerem verdadeiros super-homens, levando a que se julguem acima ou melhores do que os colegas, adotando posturas prepotentes ou de menosprezo pelos demais.
- Também é importante fator de autoestima *separar o ato do autor*. Quando seu filho fizer algo inadequado, evite generalizar; não o critique como pessoa.

"Eu já sabia que você era um preguiçoso, mas agora, depois desse boletim, tenho certeza" ou *"Nem preciso perguntar quem tirou a menor nota da sala, o vadio de sempre, quem mais?!..."*

Nada mais eficiente do que ataques pessoais para fazer com que a criança sinta-se um zero à esquerda. E para que tenha a confirmação de suas suspeitas: "Eu sabia que nada iria adiantar, meus pais não veem mesmo meus esforços, para que lutar?" A confirmação de que sua concepção de que não tem valor é verdadeira poderá consolidar o conceito de menos-valia, que dificilmente será superado. Se, ao contrário, ao chamarmos a atenção dos nossos filhos para o que fizeram de errado, fixarmos o ato em si (*"Tenho certeza de que você pode fazer essa pesquisa melhor que isso, conheço sua capacidade"*), estaremos possibilitando seu crescimento e a superação do problema, sem abalar a autoestima.

- As censuras devem dirigir-se ao fato concreto e não à personalidade ou às características da pessoa.
- É importante também saber que a autoestima não é um dado pronto e acabado, ou seja, a forma pela qual o indivíduo se percebe pode se alterar durante toda a vida, de modo que se você, mãe, acha que não ajudou muito nesse aspecto, lembre-se de que, se começar a mudar sua forma de agir, os resultados aparecerão a médio e longo prazos. Sempre há a possibilidade de se reverter o quadro. Por isso, não

desanime! Estudos comprovam que até meninos e jovens marginalizados, sem-teto, espancados, quando tratados com afeto, carinho e incentivados corretamente, revertem o quadro de baixa autoestima de forma surpreendente.

- Tendo esses cuidados, os pais estarão contribuindo decisivamente para a autoestima positiva dos filhos, o que equivale a meio caminho andado para o sucesso nos estudos; para que, enfim, seu filho seja um ótimo estudante.

XIII.
Quando procurar a escola

Você pode estar com a impressão de que estou defendendo a escola. Na verdade estou, mas principalmente e antes de tudo, *estou defendendo as crianças*.

Às vezes, a gente — por amor, por culpa, por insegurança — se precipita e não percebe que nossas atitudes podem trazer consequências negativas para a visão que nossos filhos têm da escola.

Se, a cada queixazinha que nossos filhos fazem, a gente for "tomar satisfações", esquecendo que a escola é o local que nós próprios escolhemos para os filhos, a criança, ainda que de forma inconsciente, irá perceber que nós, pais, não confiamos no colégio.

...E, se nós não confiamos, eles também aprendem a não confiar...

Nesse processo, quando a escola adota uma determinada atitude educativa ou propõe uma atividade que a criança não está com vontade de fazer, de imediato ela se sente à vontade para dizer que não faz. Querendo ou não, estaremos incentivando atitudes negativas e de desconfiança em relação aos professores e à instituição. Se quisermos ter filhos que sejam bons estudantes, precisamos, em primeiro lugar, nós próprios, aprender a confiar no colégio que elegemos com tanto cuidado.

Um exemplo bem prático:

> *Imagine que seu filho odeie fazer redação. Um belo dia, o professor propõe um tema. Todos iniciam o trabalho. Seu filho — que já viu você criticar inúmeras vezes os professores e a escola — não está com a mínima vontade de fazer o que considera uma atividade "chata" e nega-se a fazer o trabalho. Começa então uma discreta batalha (toda criança vive testando seus limites e seu poder): o professor, primeiramente, tenta fazer valer a razão — utilizando argumentos e afeto, busca convencer seu filho da importância de redigir bem, especialmente para o futuro profissional etc. etc. etc. Mas não consegue seu objetivo. Por quê? Porque o menino sabe que terá seu apoio, afinal você fica SEMPRE do lado dele em qualquer circunstância (portanto, considera-se acima da lei, acima do bem e do mal). Diante das circunstâncias, o professor compreende que terá que aplicar uma sanção ou perderá a autoridade (com seu filho e com todos os outros alunos) e determina que ele não poderá fazer nada mais antes de completar aquela tarefa. Isso pode significar, por exemplo, não participar do recreio. Horas depois, seu filho chega em casa. Está revoltado! Ficou sem merendar, está morrendo de fome... E de raiva! Conta — de modo passional — a "perseguição" do professor de Português: só ele ficou sem recreio! Só ele! Claro que não lhe revela que foi porque ele teimou, insistiu, negou-se a fazer a tarefa que todos os outros fizeram... Nem que o professor tentou antes, inúmeras vezes, convencê-lo,*

usando os mais variados recursos didáticos e afetivos. Só lhe relata o final da história — não mente, na verdade omite as atitudes positivas do professor. Indignada, você diz — também passionalmente: "O quê?! Espere só, que eu vou lá e dou um jeito nesse professor! O que é que ele pensa? Que estamos no século passado?" E você vai mesmo!!!! Ameaça o professor, o diretor, todo mundo. Resultado: seu filho aprendeu uma lição — não precisa fazer nada do que não quer. Basta fazer queixa que a mamãe toma seu partido e o defende de tudo e de todos! Até dos que estão de fato a seu lado...

Compreendeu? Nossas atitudes denunciam nossos sentimentos interiores. E nossos filhos — espertíssimos! — tiram partido de nossas inseguranças.

Isso não significa, porém, que você não deva *nunca* ir à escola ou que deva aceitar tudo que ocorre passivamente. De modo algum. Existem sim, algumas situações em que não só é recomendável como importante estar atenta e agir a tempo de impedir danos maiores. Por isso:

- Se seu menino sempre foi bom aluno e, subitamente, começa a apresentar queda no desempenho em todas ou em várias matérias — caso não tenha ocorrido nada de mais sério em casa (separação de pais ou parentes próximos, morte de pessoa querida, morte de animal de estimação etc.) e se a escola não a procurou, vá você até lá e com urgência! Pode estar havendo algum problema que não foi percebido pela equipe docente ou que não conseguiram resolver, como, por exemplo, alguns colegas estarem perseguindo ou ameaçando seu filho. Antes, porém, tente também conversar. Pode ser que seu filho lhe conte o que está acontecendo. Faça-o repetir o relato do episódio em dois ou três momentos diferentes e procure aquilatar se há de fato alguma coisa real e concreta que justifique uma tomada de atitude sua. Pequenas briguinhas, discussões ou desentendimentos entre colegas são comuns e, o mais das vezes, se resolvem com facilidade entre os próprios envolvidos. Casos assim devem ser resolvidos pela própria criança, pois é uma forma importante de ela aprender a se defender, a lutar e a enfrentar as dificuldades da vida. Se, no entanto, for algo que perdura, se repete e começa a intranquilizar a criança e se os professores não estão agindo, uma ida à escola pode ser uma necessidade — e só essa conversa com os professores costuma, na maioria das vezes, resolver. No meio de tantas crianças, alguns incidentes podem passar despercebidos, sem que isso represente falta de cuidado da escola. Sua ajuda será bem-vinda.

- Se seu filho sempre foi um bom ou regular aluno e começa a apresentar rendimento deficiente numa só matéria — este é outro caso em que vale a pena uma ida à escola. Marque uma entrevista com o professor ou com a pessoa encarregada de receber os pais — o orientador educacional, na maioria dos casos. Não prejulgue o professor, nem a criança. Apenas vá e ouça. Não esqueça também de conversar com seu filho sobre a matéria. Olhe os cadernos, procure saber o que está acontecendo, saber quais os conteúdos que estão sendo trabalhados. Às vezes, uma ou duas aulas com um explicador resolvem uma pequena dificuldade que, com o tempo, se não se tomam providências, pode tornar-se grande ou até insuperável.

- Se, por várias vezes seguidas, num certo espaço de tempo, seu filho começa a dizer que quer sair da escola ou, se sempre acordou motivado e de repente começa a querer dormir mais, buscar desculpas, doenças imaginárias ou outros artifícios para evitar a ida ao colégio, marque logo uma entrevista — alguma coisa está ocorrendo.
- Se seu filho apresentar episódios seguidos de choro imotivado e não quiser lhe dizer o porquê, procure a escola — ele pode estar com medo de alguma coisa que esteja acontecendo lá. Mas também pode não ser nada relacionado à escola. No entanto, é bom trabalharmos com todas as hipóteses.
- Quando você for à escola por algum motivo — tal como pegar a criança na hora da saída —, procure chegar dez minutinhos mais cedo, vez por outra, e dar uma palavrinha com os orientadores educacionais (não todos os dias, é claro). Apenas para saber como vão as coisas com seu filho. Não é bom ser um pai ausente, assim como também não é saudável ser um pai ansioso, que todo santo dia — e os não santos também — vai à procura do diretor, dos professores, do orientador, do supervisor, enfim: aquele pai que não sai da escola. Isso pode significar para seu filho falta de confiança nele ou no trabalho do colégio. O

meio-termo é ótimo — seja atento, não desconfiado ou ausente.
- Não falte a nenhuma reunião, a não ser que seja totalmente impossível comparecer (às vezes, acontece). Sua presença não só dá confiança e orgulho a seu filho: serve também para você sentir o ambiente, saber o que ocorre com as outras crianças, enfim, perceber a atmosfera escolar, o relacionamento da escola com a comunidade, bem como o inter-relacionamento entre alunos e professores, entre os profissionais da educação entre si e também entre direção e corpo docente, professores e alunos etc.
- Se seu filho trouxer para casa trabalhos ou provas com falhas na correção e ele lhe relatar que já tentou reparar, mas o professor "não deu revisão" ou deixou claro que quem pede revisão de notas "pode ter surpresas desagradáveis", peça uma entrevista logo. Isso denuncia uma ação arbitrária, que justifica uma ida ao orientador ou ao professor. Solicite uma reunião com a presença de todos, mas antes certifique-se de que é verdade o que seu filho relatou. De que forma? Dizendo a ele o que pretende fazer — um encontro entre você, seu filho, o professor da matéria e o orientador educacional. Se seu filho aceitar bem é porque ele está de fato sendo injustiçado e já tentou, sozinho, reparar a injustiça. Se ele pedir, implorar que você não vá, tente descobrir as causas — podem ser basicamente duas: ou ele está com medo do professor ou não tentou a correção.

- Toda vez que você pedir uma reunião ou for chamado para um encontro na escola — *vá desarmado!* Lembre-se: a escola é sua maior aliada na educação! Isso não significa que, em caso de erros, você não vai lutar (civilizadamente, é claro) pelos direitos do seu filho.
- Ao perceber que alguns trabalhos ou provas vêm recebendo conceitos ou notas regulares ou baixas, sem quaisquer comentários ou anotações do professor que indiquem a seu filho como superar as deficiências, dê um pulinho à escola e fale com o supervisor pedagógico. A validade de uma nota ou conceito é especialmente dar ao aluno uma ideia de como ele está se saindo em relação à aprendizagem. Por isso os comentários do professor, especialmente quando o aluno não acertou tudo, são fundamentais. Afinal, como é que alguém pode melhorar se não sabe em que falhou? A ida à escola deve ter esse sentido; não é para tentar melhorar a nota, e sim saber o porquê da nota, já que inexistem observações a respeito no trabalho.
- Outra situação que merece uma visita imediata (ou até uma atitude mais radical) à escola é se seu filho sofrer alguma agressão física por parte de um professor (certifique-se, antes, de que seu filho não é o agressor). Nos dias de hoje, não se admite esse tipo de atitude. Seja ele um professor moderno ou tradicional. Pode ter certeza de que, na maioria dos casos, ou melhor, na quase totalidade dos casos, a escola não apoiará essa atitude. Ao contrário, é bem provável que o professor seja até mesmo excluído do

quadro docente da instituição. Se, no entanto, você encontrar resistência por parte da direção do colégio e tiver certeza absoluta de que a agressão ocorreu, então é um momento sério de pensar em trocar a criança de escola.

Lembre-se sempre, porém:

A escola é uma instituição de ensino e de formação — tal qual a família. Ao comparecer a uma entrevista ou reunião — mesmo quando considere que seu filho foi injustiçado —, não aja com agressividade, nem fique de "pé atrás": somos parceiros e não oponentes. Tente solucionar os problemas com argumentos, não com ameaças, especialmente nunca diga: "Vou tirar meu filho e colocar em outra escola." Se tiver motivos que justifiquem essa decisão, se tentou tudo e nada adiantou e, se realmente está resolvida a fazê-lo, faça-o no momento que julgar oportuno. Mas, sobretudo, aja, não ameace.

XIV.
Os dez mandamentos do pai do bom estudante

Existem algumas regrinhas básicas para você que deseja ver seu filho transformado em um bom aluno, que não lhe dê problemas maiores (porque alguns, pequenos, sempre teremos!) em relação à escola e aos estudos. Talvez a maioria delas você já saiba, tenha intuído ou pratique, mas não custa nada relembrar, para nossa própria paz de espírito e para o bem dos nossos filhotes:

O pai do bom estudante:

1) Vê a escola como aliada e não como oponente;
2) na maioria absoluta das vezes é favorável às decisões que a escola toma e as apoia, porque sabe que a elegeu com cuidado para educar seu filho, após amplo estudo e avaliação quanto à sua competência, em suma, não critica sem ouvir a escola antes;
3) não tem pena dos filhos quando eles têm tarefas, pesquisas ou estudos para fazer; sabe que estudar, assim como trabalhar, só faz bem a crianças e jovens;
4) supervisiona o trabalho e o estudo do filho, mas não faz as tarefas *por* ele, apenas orienta e explica o que ele lhe pergunta ou não entendeu; olha sempre a

caderneta escolar ou a agenda, para estar a par, diariamente, das comunicações que a escola manda;
5) sabe diferenciar com clareza situações em que os resultados positivos na escola são fruto de esforço ou quando os negativos se relacionam à falta de dedicação dos filhos; dessa forma, não culpa o colégio, nem ameaça trocar o filho de escola, quando sabe que, na verdade, ele não estudou nem se dedicou como deveria;
6) incentiva os filhos com palavras e gestos de afeto, estímulo e compreensão, mesmo quando não tiram notas excelentes, pois percebe exatamente quando deram o máximo de si e quando não cumpriram a parte que lhes cabe; assim, não exige mais do que eles podem dar, nem menos do que a capacidade deles permite;
7) providencia o necessário (professor-explicador, dá ele próprio orientação, chama um parente para ajudar etc.) para que os filhos superem dificuldades que eventualmente surgem na vida dos estudantes, encarando-as com naturalidade, sem, no entanto, desistir, estigmatizar os filhos ou culpar de imediato os professores e a escola;
8) não facilita nem permite faltas, atrasos ou "enforcamento" de aulas ou dias letivos sem motivo absolutamente justo (casos de doença, por exemplo);
9) segue e faz os filhos seguirem o regulamento da escola, nunca estimulando ou desejando regras especiais para o seu filho, que reconhece como igual às demais crianças, com direitos e deveres;

enfim, jamais dá a entender que pode, de alguma forma, "pressionar" a escola para que ela mude seus pressupostos e aja de acordo com o que considera ser de seu interesse pessoal;

10) não pressiona nem ameaça a escola ou determinado professor quando alguma coisa inesperada ocorre (conceitos insuficientes, sanções etc.), porém averigua a situação real, sempre partindo do pressuposto de que os filhos estão em fase de formação e que uma boa escola é a melhor aliada da família na formação de cidadãos honestos, produtivos e bem-sucedidos.

Se você já segue esses mandamentos, parabéns! Provavelmente, seu filho já é um pequeno e precioso cidadão (com "C" maiúsculo...), porque aprendeu — pelo seu exemplo — que:

- ele é igual aos outros estudantes, seus colegas;
- a escola deve ser respeitada como instituição confiável;
- cada instituição tem regras que devem ser cumpridas por todos;
- os professores são seus maiores apoios na caminhada rumo ao saber e que
- a escola é uma minissociedade, feita não para servir a um apenas, mas a todos os que a frequentam, baseada nos princípios da igualdade de direitos e oportunidades, na justiça e na solidariedade.

Bibliografia

Abramovich, Fanny. *Quem educa o educador?* São Paulo: Summus, 1985.

Alves, Rubem. *Conversas com quem gosta de ensinar.* São Paulo: Cortez/A. Associados, 1981.

Badinter, Elisabeth. *Um amor conquistado: O mito do amor materno.* Rio de Janeiro: Nova Fronteira, 1985.

Brandão, Carlos R. *O que é educação.* São Paulo: Brasiliense. 1981.

_____. *A educação como cultura.* São Paulo: Brasiliense. 1985.

_____. (org.). *Educador, vida e morte.* Rio de Janeiro: Graal, 1982.

Cadernos Cedes. "Especialistas do ensino em questão". São Paulo: Cortez, n. 6, 1985.

_____. "A formação do educador em debate". São Paulo: Cortez, n. 2, 1981.

_____. "A formação do educador". Cadernos da Andes. São Paulo, 1981.

Candau, Vera M. F. *A didática em questão.* Petrópolis: Vozes, 1973.

Capriles, R. *Makarenko.* São Paulo: Scipione, 1989.

Carvalho, Irene Mello. *O processo didático.* Rio de Janeiro: FGV, 1972.

Cerizara, B. *Rousseau. A educação na infância.* São Paulo: Scipione, 1990.

Charlot, Bernard. *A mistificação pedagógica.* Rio de Janeiro: Zahar, 1979.

Chauí, Marilena S. "Ideologia e educação". *Educação e Sociedade.* São Paulo, n. 5, jan. 1980.

Dewey, J. *Democracia e educação.* São Paulo: Melhoramentos, 1959.

Ellis, E. M. *Educando filhos responsáveis.* São Paulo: Ática, 1995.

Ferreira, F. W. *Planejamento, sim ou não?* Rio de Janeiro: Paz e Terra, 1983.

Ferreiro, Emília. *Reflexões sobre alfabetização.* São Paulo: Cortez/A. Associados, 1985.

Freire, Paulo. *Pedagogia da autonomia: Saberes necessários à prática educativa*. São Paulo: Paz e Terra, 1996.

Gadotti, Moacir. *Pensamento pedagógico brasileiro*. São Paulo: Ática, 1988.

Goleman, D. *Inteligência emocional*. Rio de Janeiro: Objetiva, 1995.

Gottman, J. *Inteligência emocional e a arte de educar nossos filhos*. Rio de Janeiro: Objetiva, 1997.

Illich, Ivan. *Sociedade sem escolas*. Petrópolis: Vozes, 1970.

Jacob, C. *Peut-on encore élever ses enfants?* Paris: Fleurus-Mame, 2000.

Libâneo, José Carlos. *Democratização da escola pública: A pedagogia crítico-social dos conteúdos*. São Paulo: Loyola, 1985.

Luzuriaga, Lorenzo. *História da educação e da pedagogia*. São Paulo: Nacional, 1978.

Maquiavel, N. *O príncipe*. Rio de Janeiro: Paz e Terra, 1996.

Mello, Guiomar Namo de. *Magistério de 1º grau: da competência técnica ao compromisso político*. São Paulo: Cortez/A. Associados, 1981.

Milhollan, F. *Skinner x Rogers: Maneiras contrastantes de encarar a educação*. São Paulo: Summus, 1978.

Morel, G.; Tual-Loizeau, D. *Petit vocabulaire de la déroute scolaire*. Paris: Ramsay, 2000.

Natanson, M. *Dans ma famille, je demande les grands-parents!* Paris: Fleurus-Mame, 1999.

Nidelcoff, Maria Tereza. *Uma escola para o povo*. São Paulo: Brasiliense, 1978.

Oliveira, M. D.; Oliveira, D. *A vida na escola e a escola na vida*. Petrópolis: Vozes, 1984.

Oliveira, M. K. *Vygotsky*. São Paulo: Scipione, 1998.

Piaget, Jean. *A epistemologia genética*. Petrópolis: Vozes, 1972.

Puente, Miguel de la. *Tendências contemporâneas em psicologia da motivação*. São Paulo: Cortez/Autores Associados, 1982.

Rauzy, J. B.; Jaffro, L. *L'École désoeuvrée: La nouvelle querelle scolaire*. Paris: Flammarion, 2000.

Rey, B. *As competências transversais em questão.* Porto Alegre: Artmed, 2002.

Rogers, Carl. *Tornar-se pessoa.* Lisboa: Moraes, 1973.

Saviani, Dermeval. *Educação: do senso comum à consciência filosófica.* São Paulo: Cortez, 1980.

Whitaker, R. S.; Sampaio, F. *Freinet.* São Paulo: Scipione, 1994.

Zagury, Tania. *Sem padecer no paraíso: Em defesa dos pais ou sobre a tirania dos filhos.* Rio de Janeiro: Record, 1991.

_____. *Educar sem culpa: a gênese da ética.* Rio de Janeiro: Record, 1993.

_____. *O adolescente por ele mesmo.* Rio de Janeiro: Record, 1996.

_____. *Encurtando a adolescência.* Rio de Janeiro: Record, 1999.

_____. *Limites sem trauma: construindo cidadãos.* Rio de Janeiro: Record, 2000.

Este livro foi composto na tipologia Syndor ITC
Std Book, em corpo 12/16, e impresso em papel
off-white no Sistema Digital Instant Duplex
da Divisão Gráfica da Distribuidora Record.